CHARLES STANLEY

SEGURIDAD ETERNA

EDITORIAL CARIBE

©1994 EDITORIAL CARIBE, INC.
9200 South Dadeland Blvd., Suite 209
Miami, FL 33156, EE.UU.

Título del original en inglés:
Eternal Security
©1990 por *Charles Stanley*
Publicado por Oliver-Nelson Books
a division of Thomas Nelson Publishers

Traductor: *Miguel A. Mesías*

ISBN: 0-89922-2366

Impreso en EE.UU.
Printed in U.S.A.

Dedicatoria

Dedicado cariñosamente a mi suegro
David A. Johnson,
quien dejó este mundo en agosto de 1986,
seguro eternamente.

Contenido

Reconocimiento

*Estoy agradecido a mi hijo Andy,
cuya diligente investigación y aguda perspectiva
hizo posible este libro.*

Introducción

No siempre he creído en la seguridad eterna. Fui criado en la Iglesia Pentecostal de la Santidad, una denominación que no cree en la seguridad eterna y con frecuencia predican en contra de ella. Cuando era niño no me sentía amenazado por tal predicación. Siempre quise a la iglesia. Llegaba temprano para ocupar mi asiento, en la segunda banca, justo frente al pastor.

Por dos razones escogí asistir a la Iglesia Pentecostal de la Santidad: primera, mi abuelo era pastor pentecostal; segunda, era la preferencia de mi madre. Puedo recordar cómo de niño me levantaba el domingo en la mañana, desayunaba y caminaba a la iglesia. Incluso cuando mi madre no podía ir, yo siempre iba.

Junio era típicamente el mes de campañas en aquellos días. En junio de 1944, nuestra evangelista de la semana fue la señora Wilson. Las mujeres evangelistas no eran raras en la Iglesia Pentecostal de la Santidad. Conforme a mi hábito, estuve allí el domingo en la mañana, al frente y al centro, con toda la intención de asistir cada noche esa semana. Después de que el coro terminó su canto, la señora Wilson se encaminó al púlpito y predicó un entusiasta sermón de salvación. No recuerdo nada en particular de lo que dijo; solamente recuerdo haber sentido un fuerte deseo de responder. Cuando empezó la invitación, me levanté de mi asiento y pasé al frente. Antes de llegar al altar, empecé a llorar. Me arrodillé y empecé a pedirle a Jesús que me salvara. Algunos miembros de mi clase de Escuela Dominical se reunieron a mi alrededor y empezaron a orar por mí.

Cuando concluyó la llamada al altar, el pastor de la iglesia me pidió que subiera al púlpito y le dijera a la congregación lo que Cristo había hecho por mí. Todavía llorando, me puse de pie detrás del púlpito, y dije: «No sé todo lo que Jesús ha hecho por mí, pero sé que me ha salvado».

El pastor puso su mano sobre mi hombro, me miró directo a los ojos y dijo: «Charles: crece y sé un buen muchacho. Y cuando mueras, irás al cielo».

Más fácil es decirlo que hacerlo

No me llevó mucho tiempo darme cuenta de que ser bueno no era fácil. Para complicar el problema, casi cualquier cosa que un muchacho de doce años consideraba divertido era pecado de acuerdo a la Iglesia Pentecostal de la Santidad. Continuamente estaba confesando mis pecados, rogando perdón, y ¡esperando que no me muriera sin tener oportunidad para arrepentirme!

Durante este tiempo empecé a percibir el llamado de Dios en mi vida. Eso significaba una de dos cosas en aquellos días: hacerse predicador o misionero. La percepción del llamado de Dios en mi vida solamente hizo más oscura la nube de culpa bajo la cual vivía. *¿Cómo podría alguna vez ayudar a alguien cuando yo mismo estaba vacilando constantemente?* Me preguntaba: *¿Qué tal si me pongo a predicar y ni siquiera soy salvo?*

Cuando tenía catorce años me uní a una Iglesia Bautista. Mi decisión fue puramente social. La Iglesia Bautista tenía un grupo de jóvenes más grande que el de la Pentecostal y ¡eso significaba más muchachas! Allí fue que descubrí que no todo el mundo creía como yo. En esa pequeña iglesia bautista oí por primera vez la frase «seguridad eterna». Incluso siendo adolescente ya era un diligente estudiante de la Palabra de Dios. Armado con mi lista de versículos, estaba preparado e incluso ansioso de presentar mi lado de la cuestión. Nadie hizo mella alguna en mi teología. Y nunca esperé que nadie la hiciera, porque sabía que las Escrituras estaban claramente de mi lado.

Cuando salí de casa para asistir a la universidad, todavía creía firmemente en la doctrina de que uno puede perder su salvación. A menudo, en nuestro dormitorio, la conversación giraba en torno a la religión. Una vez tras otra sacaba mi arsenal de versículos y presentaba mi posición. Con frecuencia me encontré solo. Pero mi punto de vista se veía fortalecido por el estilo de vida de muchos con quienes debatía, hombres que aducían ser salvos y, sin embargo, sus acciones no daban ninguna indicación de tener relación alguna con Cristo.

Intelectualmente, estaba más persuadido que nunca. Pero en mi interior rugía una lucha.

A pesar de mi fuerte defensa y aljaba de versículos, no lograba que el asunto encajara. Los hechos de aquella mañana del domingo en 1944 seguían fijos en mi memoria. Recordaba haber sentido por primera vez que estaba en paz con Dios. Sabía que había nacido de nuevo. La posibilidad de que podía perder lo que había ganado aquel domingo por la mañana parecía algo traído por los cabellos. Y la idea de que pudiera perderla y volverla a ganar repetidamente, era difícil de comprender.

Aunque me atormentaban mis problemas internos, nunca me sentí alejado de Dios. Tenía una paz interna incluso en mis momentos más bajos. De alguna manera sabía que Él todavía me amaba y me aceptaba. Mis peticiones repetidas por salvación eran más un ritual que una necesidad sentida en el corazón. Nunca me sentí perdido. Sin embargo, las Escrituras parecían ser tan claras en ese punto. Consecuentemente, permanecía firme en mi defensa.

Los días en el seminario

En el otoño de 1954 ingresé en el Seminario Teológico del Suroeste. De nuevo me encontré metido en acaloradas discusiones en cuanto a la cuestión de la seguridad eterna. Continuaba mis estudios de lo que consideraba pasajes pertinentes de las Escrituras. Por largo tiempo no comprendí cómo alguien podía pensar que la Biblia enseñara que el creyente estaba eternamente seguro. Pero poco a poco empezó el cambio.

Es extraño pero, fue mi intenso estudio de las Escrituras lo que me hizo empezar a dudar de mi posición. No fue un cambio súbito. Llevó tiempo. Nadie me convenció. Por el contrario, después de un rato nadie quería ni siquiera hablar conmigo sobre el asunto; para entonces había remachado el asunto hasta el cansancio. Pero a pesar de ser tan convincente como lo era, no tenía paz sobre la cuestión. De modo que continuaba estudiándola.

Versículo por versículo me abrí paso por entre los pasajes que se usaban para respaldar cada punto de vista. A través de este proceso se hicieron evidentes dos cosas: la primera, era culpable de ignorar el contexto de muchos versículos que citaba para defender mi punto de vista. Al empezar a profundizar un poco más en los acontecimientos y discusiones que rodean a estos pasajes, éstos adquirieron un significado diferente; la segunda, descubrí por medio de mi estudio que el concepto de la salvación por la fe sola no puede ser reconciliado con la creencia de que uno puede abandonar esa salvación. Si debo hacer algo, o no hacerlo, para evitar el perder la salvación, la salvación sería por la fe *y por obras.*

Específicamente recuerdo el día en que esta verdad en particular se me iluminó. Me encontré en una encrucijada teológica. Me di cuenta de que para mantener mi posición tendría que abandonar mi creencia en la salvación por la fe sola.

Fue como si la luz se encendiera. De súbito lo vi. Quería gritar. Me sentí como un hombre al que acaban de libertar de la prisión. Empecé a agradecer a Dios por haber estado equivocado todos esos años. Le agradecí por la intranquilidad que me había mantenido investigando y orando. Entonces me vino como un golpe el más asombroso pensamiento de todos. Había estado eternamente seguro desde aquel día cuando tenía doce años y oré pidiéndole a Jesús que me salvara.

Esa mañana mi vida tomó un giro muy importante. Fue mucho más que un simple cambio en mi teología. Me introdujo al verdadero significado del amor incondicional. Era el principio del peregrinaje de toda mi vida dentro del misterio de la verdaderamente sublime gracia de Dios. Términos como *paz* y *gozo* cobraron un significado nuevo por completo. Llegaron a ser parte de mi experiencia, no sólo de mi vocabulario.

Me di cuenta de cuán poquito había en realidad confiado en Dios. ¿Sabe usted? Es difícil confiar en verdad en alguien cuando nunca se está totalmente seguro de en dónde se está en el concepto de esa persona. *La seguridad* llegó a significar mucho más que una garantía de a dónde pasaré la eternidad. Era la palabra perfecta para describir el sentido de intimidad que sentía con Cristo. Estaba seguro. Seguro en su amor y aceptación. Seguro de su voluntad diaria para mi vida. Seguro de cada promesa que Él había hecho. Y, por supuesto, seguro de donde pasaré la eternidad.

No estoy solo

Casi siempre me encuentro con personas que creen como yo creía antes. Si fuera sólo una diferencia teológica, me contentaría con estar de acuerdo o en desacuerdo. Es mucho más que eso. Sé la esclavitud a la cual conduce esta clase de pensamiento. He vivido con la culpa y el temor que ese punto de vista propicia. Jesús dijo: «Y conoceréis la verdad, y la verdad os hará libres» (Juan 8.32). La libertad viene al conocer la verdad. La esclavitud resulta de no conocerla.

Las páginas que siguen son escritas con la esperanza de que usted será hecho libre para disfrutar esa relación, para cuya provisión Dios pagó un precio tan elevado. Es una relación en la cual el temor y la preocupación no existen. Sé por experiencia propia que el gozo de esta calidad lo eludirá hasta que resuelva de una vez por todas la cuestión de si está o no eternamente seguro. Por consiguiente, es mi oración que Dios use este libro en su vida, y que en un futuro cercano usted podrá enfrentarla con la confianza que procede de saber que está eternamente seguro.

1

¿Qué es lo que está en juego?

A través de los años, he disfrutado de un privilegio único como pastor de la Primera Iglesia Bautista de Atlanta. Cada vez que predico un mensaje que en verdad va no solamente a la congregación presente, sino también a otros centenares de personas, por medio de nuestro programa de televisión y ministerio de radio «En contacto», puedo llegar, fuera de las cuatro paredes de nuestro santuario, a salas, dormitorios, cuartos familiares, habitaciones de hoteles, prisiones y muchos otros lugares en los Estados Unidos y en algunos países extranjeros.

Junto con este privilegio viene la apabullante responsabilidad de asegurarme que lo que se ofrece es la verdad a quien escucha o ve «En contacto». Hace tiempo aprendí que la gente no está interesada en mi opinión. Tampoco está interesada en escuchar *sermoncitos*, discursos cortos sobre cuán bueno es todo el mundo y todas las cosas. Y, más que nada, lo que menos quiere es un recuento de las últimas noticias.

La gente está con hambre de la verdad de Dios que sea aplicable a sus situaciones. Quiere saber cómo vivir, cómo tomar la Biblia y aplicarla en su vida diaria. De modo que cada lunes por la mañana empiezo mi semana de rodillas orando: «Oh Señor, ¿qué tienes *para mí* esta semana?» y, segundo: «Padre, ¿cómo puedo hacer esto claro para otros?»

Una de las cosas que más me animan en cuanto a nuestro ministerio de televisión es su atractivo interdenominacional. Cada semana recibimos cartas de miembros de muchas denominaciones, protestantes o no protestantes por igual.

Esta clase de respuesta me dice dos cosas: Primero, la gente no se siente amenazada por el hecho de que nuestro ministerio es el de una iglesia bautista. Obviamente no estoy tratando que todo el mundo se haga bautista. Segundo, nuestros televidentes confían en que no tenemos ninguna agenda oculta. Es decir, no tenemos ningún credo o declaración doctrinal especializada que estamos tratando de impulsar subrepticiamente bajo el disfraz de predicación bíblica. La gente sabe que cuando ve «En contacto», va a recibir una lección práctica directamente de las Escrituras.

Sin embargo, como disfruto tanto de la confianza y aceptación de muchos creyentes de un trasfondo denominacional tan diverso, nunca quiero ser culpable de ablandar alguna doctrina bíblica en particular, tan solo por mantener la aprobación de la gente. He visto que otros ministerios han cometido tal error. Sus obligaciones financieras han crecido a tal magnitud que literalmente no pueden *darse el lujo* de perder a nadie de su audiencia y televidentes. Esta es una de las razones por las cuales nosotros preferimos crecer despacio. Las finanzas determinan el número de personas que alcanzamos, pero nunca el mensaje conque las alcanzamos.

Todo esto es para decir, desde el mismo comienzo, que este proyecto de imprimir lo que estoy convencido que la Biblia dice en cuanto a la seguridad eterna, posiblemente puede alienar a algunos amados hermanos y hermanas en Cristo. Esta, ciertamente, no es mi intención. La gente que ha escuchado «En contacto» por algún tiempo sabe que este tema no es algo nuevo para mí. Mi testimonio certifica que he sostenido este punto de vista desde mis días en el seminario. Sin embargo, rechazo la noción de que la seguridad eterna es simplemente una *doctrina bautista*. A medida que usted lea, pienso que será claro que esta doctrina es primero y principalmente una doctrina bíblica. Es bautista solamente en el sentido que los bautistas la han incluido en sus creencias doctrinales.

A pesar de la respuesta negativa que supongo recibiré, procederé a avanzar. ¿Por qué? Porque hay mucho en juego. La cuestión de si la salvación es para siempre o no, no es algo aislada. La respuesta que se da a esta pregunta afecta cada faceta de la teología de uno. Pero esta pregunta va mucho más allá del campo de la pura teología. Invade nuestros lunes por la mañana, se introduce en nuestras oraciones, muestra en nuestra respuesta al éxito o al fracaso y cuelga sobre el lecho de muerte de nuestros seres queridos. Sí, hay mucho en juego.

Si esta cuestión fuera simplemente un caballo de batalla para el entretenimiento teológico, dejaría que otros teólogos más capacitados lo monten. Y ciertamente, hay disponibles obras más completas sobre el tema. Pero este libro no tiene la intención de ser un discurso teológico. Es acerca del amor, el amor que encuentra su más completa expresión en Cristo. Es sobre la gracia, gracia que no conoce límites. Este libro trata acerca del insaciable deseo de Dios de restaurar de una vez y para siempre la relación rota con su creación más preciada: usted y yo.

Seguridad

Varias cosas están en juego. Antes que todo, nuestra seguridad. Si nuestra salvación pende en cualquier otra cosa que la obra completa de Cristo en la cruz, estamos en problemas. O, en el mejor de los casos, corremos el riesgo de estar en problemas. Si usted y yo tenemos alguna parte

Piénselo

Si Cristo
vino para buscar y salvar
lo que se había perdido,
y, sin embargo, de alguna manera
podemos dejar de ser salvos
—y por consiguiente deshacer lo
que Cristo vino a hacer—,
¿no sería más sabio que Dios nos
llevara al cielo en el momento en
que somos salvos, para asegurarse
de que llegamos allá?
¿No es acaso un riesgo innecesario
obligarnos a quedarnos aquí?

en cuanto a mantener nuestra salvación, será difícil vivir con mucha seguridad. Esperanza, sí; seguridad, no.

Y sin embargo Juan escribió una carta completa para asegurar a un grupo de personas, a quienes ni siquiera tenía cerca para observarlas, que en efecto eran salvas:

> Estas cosas os he escrito a vosotros que creéis en el nombre del Hijo de Dios, *para que sepáis* que tenéis vida eterna.
>
> *1 Juan 5.13, énfasis mío.*

Donde no hay la seguridad de que Dios nos acepta, no hay paz. Donde no hay paz, no hay gozo. Donde no hay gozo, hay la limitación de la capacidad de uno para amar incondicionalmente. ¿Por qué? Porque una persona que no tiene seguridad es por definición motivada parcialmente por el temor. El temor y el amor no se mezclan muy bien. El uno siempre diluye al otro. Aun más, el temor se convierte en preocupación. Seamos realistas por un momento. Si la salvación no es una cuestión resuelta, ¿cómo puedo afanarme por nada? (véase Filipenses 4.6).

Perdón

También está en juego el alcance o extensión del perdón divino. Cuando Cristo murió, ¿por cuáles de nuestros pecados murió?

¿Cuáles de nuestros pecados fueron perdonados cuando confiamos en Él como Salvador? Si los pecados que cometimos después de habernos convertido en cristianos pueden anular nuestra relación con el Salvador, claramente esos pecados no quedaron cubiertos en el Calvario. Perdonado es perdonado. Diferenciar entre pecados perdonados y no perdonados es hacer una distinción extraña a las Escrituras. El tiempo u ocasión de nuestros pecados es irrelevante, puesto que todos ellos eran futuros desde la perspectiva de la cruz. Ignorar la seguridad eterna es desechar lo que ocurrió en el Calvario.

Fe sola

La salvación por fe está en juego. Una vez que se introducen las buenas obras en el proceso de la salvación, ésta ya no es sólo por gracia es por fe y por obras. Implicar que la salvación se mantiene por obras (o por no pecar) es tomar sobre nosotros mismos la carga diaria de nuestra salvación. En ese caso, habrá lugar para jactarse en el cielo.

Decir que la gracia de Dios nos capacita para mantener buenas obras no resuelve el dilema. Por cuanto, ¿quién es responsable por la apropiación diaria de esa gracia? Regresamos a donde empezamos. Si la salvación no es para siempre, no puede ser por la fe sola.

Amor

Si abandonar la fe, o caer en el pecado, causa un cortocircuito en la salvación, tengo la capacidad de demostrar amor incondicional en mayor extensión que la de Dios. Si hay una condición —aun cuando sea una sola— para la buena disposición de Dios para mantener una relación con Sus hijos, no es incondicional. Por otro lado, conozco mucha gente que ha demostrado puro amor incondicional a familiares que eran increíblemente indignos.

Uno podría argüir: «Pero la santidad de Dios exige ciertas cosas de aquellos con quienes Él mantiene una relación. Su naturaleza no le permite permanecer en relación con un individuo que continuamente desdeña su amor».

Eso está fuera del punto. ¡Si la santidad exige algo en pago de parte de aquellos a quienes Él ama, es claro que su santidad le hace a Dios incapaz de amor incondicional! Si la santidad es una condición, su amor no es incondicional. Si su naturaleza le obliga a desasociarse de ciertos tipos de personas, su naturaleza se interpone en su capacidad de amar incondicionalmente.

Evangelización

Los cristianos que están inseguros en cuanto a la situación en que se hallan delante de Dios, tienen dificultades para hablar a otros del amor de Dios. A menudo hallan imposible avanzar más allá de su propia lucha con la salvación. No todo mundo que rechaza la noción de «una vez salvo, salvo para siempre», tiene este problema. Pero he conocido a muchos para quienes esta barrera es real.

Roberto era un buen ejemplo de eso. Estaba consumido por la cuestión de la seguridad eterna. Cada vez que hablaba con Roberto de alguna manera llevaba la conversación en esa dirección. Le veía venir, y me sentía tentado a salir corriendo, o a ocuparme con alguna otra cosa. Siempre era lo mismo: «Dr. Stanley, ¿qué piensa usted en cuanto al versículo de...?»

Traigo a Roberto a colación porque es una trágica ilustración de algo que veo muy a menudo: una persona que se deja absorber tanto con una cuestión que se sale del equilibrio. Por alguna razón, la seguridad eterna parece ser una de aquellas cuestiones que puede desequilibrar. Es interesante, tanto como triste, ver cuán a menudo el celo evangelizador de una persona sufre cuando esto ocurre.

Enfoque

En tanto que tenga yo un papel continuo en el proceso de la salvación, mi tendencia natural será enfocar mi conducta en lugar de dirigir mi mirada a Cristo. Sin embargo, se nos ordena que pongamos nuestros ojos en Cristo (véase Filipenses 4.8; Colosenses 3.2; Hechos 12.1-2). Ciertamente que hay lugar para el examen propio en la vida.[1] Pero no debemos

---

[1] Algunas personas han usado 2 Corintios 13.5 para argüir que un cristiano debe constantemente «probarse» a sí mismo, para ver si en realidad es salvo, lo cual de ninguna manera es lo que Pablo tenía en mente.

ser el *foco* de nuestras vidas. Nunca somos completamente libres como para fijar nuestra mirada en Él sino cuando estamos seguros de que nuestra relación con Él es segura.

Mi observación ha sido que mientras la persona se concentra más en sí misma, menos es capaz de mantener su vida en orden. Por otro lado, mientras el individuo pone su mirada más en Cristo, más fácil llega a permitirle que Él controle toda área de su vida.

La gente que está constantemente examinando su condición espiritual tiende a caer en la trampa del legalismo. El legalismo casi siempre va acompañado de dos socios: engañarse a uno mismo (llamar a los pecados con otros nombre, para reducir la culpa), y orgullo. Estos dos van juntos para conseguir en una vida lo opuesto de lo que es la intención de Cristo.

El engaño de uno mismo, acompañado de capa sobre capa de negación, últimamente conduce a pecados cada vez más grandes. El orgullo, en estos casos, resulta en un espíritu criticón. Muéstreme un creyente atrapado en tratar de mantener mediante buenas obras la aceptación de parte de Dios, y yo le mostraré un santo frágil. Mi experiencia ha sido que éstas son las personas que en la superficie parecen estar completamente dedicadas a la santidad y pureza personal, pero que de pronto desaparecen. No es raro ver a estos individuos tan bien intencionados, terminar con un estilo de vida completamente opuesto a aquel que una vez defendían. Tal es el peligro potencial de una vida que se vive sin la seguridad de que la salvación es para siempre.

El contexto aboga por el significado completamente opuesto. Pablo estaba muy seguro de la salvación de ellos (véase 2 Corintios 3.2-3). La colocación enfática del *ustedes* o *vosotros* en el texto griego indica que les está animando a reconocer la salvación que claramente poseen. Ellos estaban probándose a sí mismos no en busca de *información*, sino de *confirmación*.

Véase *The Expositors Bible Commentary*, Zondervan, Grand Rapids, MI, 1976, p. 403.

En equilibrio

Estas son apenas unas cuantas de las cosas que son afectadas por la posición que uno tenga en cuanto a la cuestión de la seguridad eterna. Este tema no es simplemente algo para que los teólogos se ataquen unos a otros. Esta cuestión tiene mucho que ver con nuestra vida aquí y ahora. Sin importar cuál punto de vista se sienta inclinado a adoptar, tendrá un gran impacto en la percepción de usted mismo, de Dios y de otros. Por estas razones me siento compelido a escribir sobre este tema serio. Por estas mismas razones oro y usted se sentirá compelido a leer y releer hasta que esta cuestión quede resuelta en su mente de una vez por todas.

¿Sabe usted?

1. *¿Por qué la doctrina de la seguridad eterna es más que una cuestión teológica?*
2. *¿Cómo contestaría usted a la pregunta del autor: «Si mi salvación no es una cuestión resuelta, ¿cómo puedo afanarme por nada?»*
3. *¿Por qué es irrelevante el tiempo u ocasión de sus pecados?*
4. *¿Cuáles son los dos «socios» que casi siempre acompañan al legalismo?*

2

La cuestión entre manos

Hay que definir apropiadamente los problemas antes de poder resolverlos. En este capítulo revisaremos los argumentos que esgrimen quienes creen que la salvación genuina se puede perder. De paso daremos una breve gira por la historia detrás de esta creencia. De allí miraremos a la divergencia de opinión entre los proponentes de este punto de vista.

Históricamente...

Desde este punto de vista el asunto se ha asociado con la teología arminiana. Jacobo Arminio fue un teólogo de la iglesia Reformada Holandesa, que vivió durante las postrimerías del siglo dieciséis. Como teólogo se halló en contraposición con las enseñanzas calvinistas de su iglesia. En particular, se las tomó con las enseñanzas sobre la predestinación, la soberanía y la seguridad eterna.

Arminio creía que la elección era determinada por la respuesta del hombre a la oferta divina universal de salvación. En otras palabras, Dios miró a través del tiempo y vio quiénes de nosotros confiaría en su Hijo para salvación. Entonces eligió a quiénes sabía que con el paso del tiempo le escogerían. Puesto que la elección depende de la respuesta del hombre a la oferta de Dios, se sigue que uno puede perder su estado de elegido al rechazar posteriormente esa oferta. Por consecuencia, no había seguridad de salvación definitiva.[1]

Los arminianos en la actualidad

Desde los días de Arminio, muchos destacados teólogos y predicadores, contándose entre ellos nada menos que Juan Wesley, han sostenido sus puntos de vista.

Hoy las premisas básicas del arminianismo son enseñadas por la iglesia del Nazareno, la Iglesia Wesleyana y otras denominaciones que se agrupan en la Asociación Cristiana de la Santidad.

El arminianismo moderno cae dentro del ámbito del evangelicalismo. Es decir, generalmente hablando, los arminianos defienden la deidad de Cristo, el nacimiento virginal, la resurrección corporal de Cristo y la infalibilidad de las Escrituras.

Dos escuelas de pensamiento

Como es el caso en la mayoría de sistemas doctrinales, hay diferencias entre las personas que serían consideradas arminianas en su teología. He hablado literalmente con cientos de personas sobre la cuestión de la seguridad eterna. Algunos han querido discutir. Otros han querido buscar respuestas. En todas estas conversaciones he descubierto que hay dos escuelas de pensamiento entre quienes creen que la salvación se puede perder.

---

[1] «Arminianism» [Arminianismo], en *Oxford Dictionary of the Christian Church* [Diccionario Oxford de la Iglesia Cristiana], 2a. ed.; también «Arminianism», en *Evangelical Dictionary of Theology* [Diccionario Evangélico de Teología] Baker, Grand Rapids, MI, 1984.

Abandonar la fe

El primer punto de vista cae dentro del recuadro de la teología arminiana tradicional. Expresada simplemente, *un creyente genuinamente nacido de nuevo puede perder su salvación si se aleja de su fe cristiana (p.e., por dejar de creer o dejar de confiar en Jesús).* Tal persona sería considerada un «apóstata». La *apostasía* se define como «un repudio o abandono deliberado de la fe que uno ha profesado».[2] Los individuos que sostienen esta perspectiva con frecuencia interpretan las referencias escriturarias a «recaer» como «apostasía».[3]

Hebreos 6.4-6

El pasaje clásico que se usa para defender este punto de vista se halla en el capítulo sexto de Hebreos. A través de todo mi ministerio la gente con más frecuencia me pide ayuda respecto a la interpretación de este pasaje, que de ningún otro de la Biblia. Y se entiende. Esto es lo que dice:

> «Porque es imposible que los que una vez fueron iluminados y gustaron del don celestial, y fueron hechos partícipes del Espíritu Santo, y asimismo gustaron de la buena palabra de Dios y los poderes del siglo venidero, *y recayeron*, sean otra vez renovados para arrepentimiento, crucificando de nuevo para sí mismos al Hijo de Dios y exponiéndole a vituperio».
>
> *Hebreos 6.4-6, énfasis mío.*

Para los proponentes de este punto de vista la cuestión es la *fe*, no necesariamente la *fidelidad*. Hay campo en su teología para el fracaso temporal moral y ético por parte del creyente. El hecho de que un creyente cometa un pecado no es necesariamente una señal de que ha perdido su

---

[2] «Apostasy» [Apostasía], en *Evangelical Dictionary of Theology*.
[3] Dale Moody, *The Word of Truth* [La Palabra de verdad], Eerdmans, Grand Rapids, MI, 1981, pp. 348-49.

Piénselo

*Si nuestra salvación no es segura,
¿cómo pudo Jesús decir
que a quienes Él da vida eterna
«no perecerán jamás» (Juan 10.28)?
Si un ser humano recibe vida eterna
y luego la deja debido al pecado o
a la apostasía, ¿perecerá?
Y de ser así,
¿no hacen mentirosas las palabras
de Jesús?*

salvación. Sin embargo, el hombre o mujer que deliberadamente se aleja de la iglesia, de Cristo, y de todo lo que Él significa, de seguro que se ha salido del reino de la luz y regresado al reino de las tinieblas. Después de todo, arguyen, si somos libres para escoger a Cristo, ¿no somos libres para escoger en su contra?

La parábola del sembrador se usa para ilustrar este punto (véase Lucas 8.4-15). El sembrador siembra en diferentes terrenos, los cuales representan a las personas y su respuesta a la verdad. El terreno junto al camino es comparado al incrédulo. Al terreno rocoso, sin embargo, se lo compara con las personas que «creen por algún tiempo, y en el tiempo de la prueba se apartan» (v. 13).

Todos nosotros hemos conocido a alguien como el hombre descrito en la parábola; alguien que ha dicho: «Oh, yo solía creer en todo eso, pero ya no». La persona en un tiempo genuinamente creyó. Pero algo ocurrió que le hizo darle las espaldas a Cristo; ya no cree. De acuerdo a aquellos que no creen en la seguridad eterna, la frase «se apartan» en este pasaje se refiere a la pérdida de la salvación.[4]

El potencial para perder la salvación yace no sólo con aquellos que tienen un corazón rebelde contra Dios, sino también con quienes son inocentemente arrastrados por falsas doctrinas. Pablo expresa su asombro y preocupación acerca de los gálatas que se habían «alejado» de la verdad y se habían dejado seducir por «un evangelio diferente» (Gálatas 1.6). Sobre este mismo grupo más tarde dice:

> De Cristo os desligasteis, los que por la ley os justificáis; de la gracia habéis caído[...] Vosotros corríais bien; ¿quién os estorbó para no obedecer a la verdad?
>
> *Gálatas 5.4,7*

Nótese el fuerte lenguaje que usa Pablo para describir el presente estado de los gálatas: Están desligados de Cristo y han caído de la gracia.

---

[4] Moody, *Word of Truth*, pp. 348-49.

Una situación similar aflora en la primera carta de Pablo a Timoteo. Aquí el apóstol predice que en los últimos días algunos creyentes serán engañados y seducidos para seguir falsas doctrinas:

> Pero el Espíritu dice claramente que en los postreros tiempos algunos *apostatarán* de la fe, escuchando a espíritus engañadores y doctrinas de demonios; por la hipocresía de mentirosos que, teniendo cauterizada la conciencia...
>
> *1 Timoteo 4.1-2, énfasis mío*

Una vez más aparece la frase, pero aquí se la traduce «apostatarán». Aquí el contexto claramente implica un alejamiento de la fe, un rechazo de lo que una vez se abrazaba completamente.

En los últimos dos ejemplos, los creyentes en cuestión no cayeron en «pecado» en el sentido moral o ético. Simplemente fueron engañados para creer algo que era una distorsión de la verdad. Sin embargo, estos pasajes parecen indicar que la consecuencia de su ingenuidad fue la condenación eterna.

Siempre perdidos

La mayoría de personas que he encontrado que no creen en la seguridad eterna no saben a ciencia cierta cómo o cuándo uno pierde su salvación. Por eso quiero decir que no están seguros en cuanto a qué es lo que causa que uno la pierda, ¡solamente están seguros de que se puede perder! Como alguien lo dijo: «Sé que Dios es misericordioso, pero no es ningún tonto». En otras palabras, debe haber un punto cuando Dios dice: «¡Ya basta!» Para la mayoría, si acaso no todos, de los proponentes de este punto de vista, eso es muy elusivo e indefinido.

Mientras que el primer grupo reservaría la pérdida de salvación para aquellos que claramente le han dado las espaldas a la fe cristiana como un todo, el enfoque del segundo grupo es el estilo de vida o conducta de los creyentes. De acuerdo a este punto de vista, *la seguridad del creyente se basa en su disposición de continuar trabajando hacia la excelencia espiritual.*[5] ¿Acaso Pablo no exhorta a los creyentes a «ocuparse» en su propia salvación «con temor y temblor» (Filipenses 2.12)? ¿Por qué incluye el «temor y temblor»? Debido a que aparentemente creía que la posibilidad de la pérdida de la salvación era una amenaza real.

No tiene sentido

Muchas personas han arribado a sus propias conclusiones con respecto a la seguridad eterna, no desde el punto de vista de las Escrituras, sino del práctico. Regresemos al joven que hizo el comentario de que Dios es «misericordioso», pero no «tonto». ¿Qué es lo que motiva una declaración como esta? En su caso él le había dado al asunto pensamiento concentrado. Su línea de razonamiento había seguido más o menos la siguiente ruta:

1. Dios es un Dios santo y exige santidad de sus hijos.
2. Dios es un Dios misericordioso y perdonador.
3. En algún punto en la vida del cristiano desobediente se agota la misericordia de Dios, y su santidad se hace cargo.
4. En ese punto Dios trata con su hijo totalmente desde la posición de su exigencia de santidad y obediencia.
5. Esto puede resultar en poner a la persona fuera del círculo de aceptación.
6. Después de todo, Dios no puede aceptar lo que es contrario a su naturaleza santa.

La idea de la seguridad eterna no tenía sentido para este joven. ¿Por qué Dios continuaría soportando a la gente que, para todo propósito práctico, no podría importarles menos Dios o su Hijo? Si los individuos ya no creen, es como si hubieran roto su contrato de salvación; no han cumplido su

[5] Moody, *Word of Truth*, p. 351.

parte del trato. ¿Está Dios en la obligación de mantener una relación salvadora con gente que tiene semejante clase de actitud?

No parece justo

Otro argumento que he oído a través de los años enfoca la cuestión de la justicia. ¿Es justo permitir que los «cristianos» que han seguido el camino del mundo, compartan la misma bendición eterna como quienes han seguido a Cristo por toda su vida? ¿Puede un Dios verdaderamente justo permitir que los fieles y los infieles sean recompensados en la misma manera? Además, ¿no dice la Biblia que si le negáremos delante de los hombres, Él nos negará delante del Padre celestial? (véase Mateo 10.33). Si la persona llega al cielo sin importar el tipo de vida que haya tenido, ¿para qué esforzarnos a vivir en una manera piadosa?

El factor temor

Muy cerca a la cuestión de la justicia está la de la licencia. Mucha gente tiene miedo de esta doctrina. La ven como una excusa potencial para vivir libres de toda restricción. Un hombre me dijo recientemente: «No creo que debemos predicar acerca de la seguridad eterna». Cuando le pregunté por qué, dijo: «No creo que la gente pueda manejar esa clase de libertad». Quería decir que si los cristianos piensan que pueden hacer todo lo que se les antoje, y todavía ir al cielo, ¡harán exactamente eso! De vez en cuando me tropiezo con gente con esa actitud. No tienen ninguna intención de enderezar sus vidas. No ven ninguna necesidad de hacerlo. De acuerdo a la doctrina de la seguridad eterna, pueden también tener su premio y disfrutarlo. De modo que, ¿para qué cambiar? La gente con esta actitud aleja a muchos de la doctrina de la seguridad eterna. Esa actitud deja las cosas con los extremos demasiado abiertos.

«Salvado, sí. El cielo, tal vez»

Mi suegro era un hombre maravilloso. No llegó a conocer al Señor sino tarde en su vida, pero recuperó el tiempo perdido.

Sus visitas y sus llamadas telefónicas estaban repletas de preguntas sobre la Biblia. Él y su esposa asistían a la iglesia tres o cuatro veces por semana. Justo hasta cuando murió, crecía espiritualmente a pasos agigantados. A pesar de eso, sin embargo, nunca tuvo ninguna seguridad en cuanto a su salvación.

Le preguntaba:

—Sr. Johnson, ¿está seguro de haber confiado en Cristo como su Salvador?

—Oh, sí —replicaba—. Él vive hoy en mi corazón.

—De modo que usted también está seguro de que al morir va a ir al cielo, ¿verdad? —le continuaba diciendo.

—¡A ver!... eso no lo sé, —respondía.

Vez tras vez lo repetíamos. Pero nunca logré convencerlo. Su problema no era ningún pasaje en particular de las Escrituras. Su lucha era con la cuestión de cómo Dios podía perdonarle por los pecados que había cometido antes de llegar a la fe. La idea de que Dios fuera así de amante y perdonador era demasiado para que la pudiera comprender. Estaba seguro de que era cristiano, pero el cielo era algo completamente diferente.

Con frecuencia conozco a personas como mi suegro. Personas que creen que Cristo murió por sus pecados. Hombres y mujeres que aman a Dios con todo su corazón. Pero de alguna manera no pueden aceptar con ninguna certeza que Dios les ha perdonado. Un día están seguros de su salvación; al siguiente no lo están. Para adelante y para atrás, con la esperanza de lograr llegar, pero sin tener la seguridad de lograrlo.

Mirar hacia adelante

¿Y usted qué? ¿Cuál es la cuestión en su mente? ¿Es un pasaje de las Escrituras? ¿Es una experiencia personal que simplemente parece no poder borrar de su memoria? ¿Se ha decepcionado por la manera en que algunas personas usan el concepto de la seguridad eterna como excusa para su pecado? ¿Fue usted criado creyendo que la idea de que «una vez salvo, salvo para siempre» es algo que inventaron los bautistas o algún otro grupo?

En las páginas que siguen veremos estas objeciones en detalle. Este es un tema serio que exige respuestas serias. Haré lo mejor que pueda para ser claro y cabal. Si encuentra que se pierde en los detalles de ciertos capítulos, tenga paciencia. Mi meta es considerar con antelación tanto las preguntas como las objeciones que acompañan a este tema. Si esta obra puede responder aunque sea a una sola de sus preguntas, y por ello ayudarlo a avanzar un paso más cerca a aceptar la permanencia de su salvación, habrá valido la pena el esfuerzo que usted y yo haremos.

¿Sabe usted?

1. *¿Quién fue el teólogo de la Iglesia Reformada Holandesa, del siglo dieciséis, que cuestionó las doctrinas calvinistas de la predestinación, la soberanía y la seguridad eterna? ¿Cómo creía él que se determinaba la salvación?*
2. *¿Qué iglesias en la actualidad enseñan las premisas básicas del arminianismo?*
3. *¿Cuáles son las dos escuelas de pensamiento entre aquellos que creen que la salvación se puede perder?*
4. *¿Por qué algunos cristianos piensan que la doctrina de la seguridad eterna tiene los extremos demasiado abiertos?*

3

Salvo y seguro

No hace mucho un adolescente en nuestra iglesia trajo a dos amigos para que me conocieran. Me sentí impulsado a preguntarles sobre su salvación. «¿Ya ustedes son salvos?» les pregunté. Ambos asintieron. Avancé un paso más. «Tim», le dije, «cuéntame cómo fue». Él relató su experiencia de pasar al frente en un culto, orar con un anciano y luego ser presentado a la congregación. «Darla», le dije, dirigiéndome a la otra visitante, «¿por qué debería Dios permitirle entrar a su cielo?» Ella miró al piso. «Pues, no lo sé. Ya no voy mucho a la iglesia. Pero la suya sí que me gusta», dijo.

Sabía que los había incomodado en algo. De modo que les hablé acerca de mi propia lucha con esa pregunta. Les mostré un par de versículos que enseñaban claramente cómo podemos saber que hemos sido salvados. Luego les pregunté de nuevo: «De modo que, ¿por qué piensan ustedes que Dios debería dejarles entrar en el cielo?» Tim habló: «Porque creo en Dios y trato de hacer lo mejor posible».

Tuve que reírme. *Señor, pensé para mis adentros, ¿cuánta gente se sienta aquí semana tras semana que en menos de lo que canta un gallo aducirán ser salvos, pero no tienen ni la más remota idea de cómo lo han sido?*

«Tim», dije, «algunas veces no me explico muy bien. Permítame tratarlo de nuevo». Recorrimos otros cuantos versículos, completos con mis mejores ilustraciones.

Después de veinte minutos, Tim se enderezó en su silla, y dijo: «¡Es debido a que Su muerte pagó por mis pecados!» Fue como si alguien hubiera encendido un interruptor en su mente. ¡En realidad alguien lo había hecho! Tanto Tim como Darla confiaron en Jesús como su Salvador esa noche. Al levantarnos para despedirnos, Darla dijo: «Nunca lo escuché explicado de esa manera. Estoy contenta de haber venido».

Lo primero, primero

Antes de que podamos avanzar más en nuestra consideración, necesitamos captar un punto importante. ¿Qué queremos decir por *salvación?* La cuestión que estamos tratando en este libro es si la salvación se puede perder o no. ¡Haremos bien en comprender exactamente qué cosa es la que estamos considerando que no se puede perder!

Si el hombre o la mujer tienen una comprensión de esta cuestión tan nebulosa como Tim o Darla, tienen buenas razones para dudar de la doctrina de la seguridad eterna. *Donde hay incertidumbre en cuanto a cómo se consigue la salvación, habrá confusión sobre si ella puede mantenerse.*

Mi experiencia ha sido que aquellos que tienen problemas con la doctrina de la seguridad eterna tienen una comprensión distorsionada de lo que tuvo lugar en la cruz. Eso puede sonar como que estoy criticando. Pero en realidad, estoy más perplejo que otra cosa. Cuando pienso en el Calvario, y el precio que fue pagado para darme la salvación, la idea de tener el poder para deshacer todo eso me parece absurdo.

Salvación

El pecado produjo la necesidad de salvación del ser humano. El pecado es como una enfermedad genética que, una vez que se introdujo en la raza humana, afectó a todo el mundo.

Por tanto, como el pecado entró en el mundo por un hombre, y por el pecado la muerte, así la muerte pasó *a todos los hombres*, por cuanto todos pecaron.

Romanos 5.12, énfasis mío

Ese «un hombre» fue Adán. Su pecado envenenó a la raza humana. Todo hombre, mujer y niño a partir de él nació pecador:

Porque así como por la desobediencia de un hombre los muchos fueron constituidos pecadores...

Romanos 5.19

Corrompidos hasta el tuétano

El pecado va mucho más adentro que la mera asociación con un pariente distante. El pecado ha contaminado nuestra misma naturaleza. El hombre nace con una inclinación hacia el mal, una proclividad a alejarse del bien. Si usted no me cree, pregúnteselo a cualquier maestra de preescolares o de jardín de infantes. Los niños nunca necesitan una lección para ser malos. Eso viene naturalmente. Estamos de acuerdo que algunos son peores que otros, pero cada niño, en su propia manera, con el paso del tiempo, demuestra un egocentrismo dispuesto a desafiar cualquier y toda autoridad.

La combinación de nuestra pecaminosidad inherente y nuestros consecuentes actos de pecado nos pone en una mala situación delante de Dios. La Biblia avanza al decir que estamos condenados:

Y con el don no sucede como en el caso de aquel uno que pecó; porque ciertamente el juicio vino a causa de un solo pecado para *condenación[...]*

Romanos 5.16, énfasis mío

El término condenación es legal, quiere decir «declarar culpable». Somos culpables del *pecado* (resultado de nuestra

Piénselo

¿Por qué debería Dios permitirle entrar en el cielo? Si su respuesta incluye palabras tales como tratar, hacer lo mejor que pueda, iglesia, creer en Dios, Escuela Dominical, enseñar o dar, *las probabilidades son que usted todavía no se ha enfrentado con la simple verdad de que la salvación es* sólo *por la fe.*

Permítame hacerle la pregunta de otra manera. ¿En qué está confiando usted que le llevará al cielo? ¿Es Cristo más alguna otra cosa? ¿O puede decir con confianza que su esperanza y su confianza están en Cristo, y en Él solamente?

relación con Adán) y de los *pecados* (resultado de nuestra desobediencia personal).

El resultado

Así como el pecado causó que Adán y Eva fueran separados de Dios en el principio, también resulta en la separación del hombre de Dios, ahora y potencialmente, por la eternidad. Pablo escribe:

> Porque la paga del pecado es muerte[...]
>
> *Romanos 6.23*

Y de nuevo:

> Por cuanto todos pecaron, y están destituidos de la gloria de Dios.
>
> *Romanos 3.23*

Estos pasajes familiares dicen mucho acerca de las consecuencias del pecado. Cuando la Biblia habla de la muerte, no se refiere a aniquilación. La Biblia no enseña en ninguna parte la aniquilación del alma. Toda persona vivirá para siempre, en alguna parte. La muerte significa separación; específicamente, separación de Dios.

El segundo versículo explica por qué los pecadores deben morir, o ser separados de Dios. Nuestro pecado nos hace inelegibles para la perfección. Dios es santo y puro en naturaleza. Él es la esencia de amor y bondad. Los que tienen comunión con Él deben ser santos y puros por igual. Deben ser sin culpa, sin culpa alguna de pecado. Su naturaleza lo exige. Su naturaleza, por definición, determina la norma para aquellos que desean una relación con Él. Para decirlo de otra manera, ciertas cosas deben ser verdaderas en cuanto a las personas para que sean aceptables ante Dios.

Esto no es algún conjunto arbitrario de reglas que Dios estableció para hacerlo difícil para nosotros. Si así fuera,

Cristo murió en vano. Dios debería simplemente haber cambiado las reglas. Pero la alta norma de Dios fluye de su naturaleza inalterable. Y el hombre se ha quedado corto en cuanto a esa norma.

La santidad de Dios puede compararse con el fuego. Ciertas condiciones deben existir en cualquier material para que sobreviva al ser expuesto al fuego. La naturaleza del fuego determina lo que resistirá, o no, al calor. La santidad de Dios puede compararse al agua.

Ciertas condiciones deben existir en cualquier animal para que pueda vivir bajo el agua. La naturaleza del agua exige que esas condiciones existan. Cualquier animal que no reúne las características para sobrevivir bajo el agua, se ahogará si se lo sostiene sumergido.

Ciertas condiciones deben existir en el hombre, o la mujer, que intenta establecer una relación con el Dios santo. Hay cambios que hacer, cambios que somos absolutamente incapaces de hacerlos por nosotros mismos. Nuestro pecado nos ha dejado alejados de la norma de Dios. De modo que en nuestro estado natural, estamos destinados a una eternidad sin Él.

La remoción de la culpa

El cambio primario que debe hacerse se centra en el problema de la culpa. La salvación, en su médula, es *la remoción de la culpa*, tanto personal como imputada.

Aquí yace el problema. Si Dios es perfecto, es perfectamente justo. ¿Cómo puede un Dios perfectamente justo hacer no culpable al culpable? Como el Dr. Ryrie dice en *Basic Theology* [Teología Básica]:

> Hay solamente tres alternativas abiertas para Dios cuando los pecadores comparecen ante su corte. Debe condenarlos, comprometer su propia rectitud para recibirlos tal como son, o puede cambiarlos y hacerlos justos. Si Él puede

ejercer la tercera opción, entonces puede declararlos justos, lo cual es la justificación.[1]

El Dr. Ryrie trae a colación un término muy importante: *justificación*. Justificar a las personas es declararlas inocentes. Pablo, en el libro de Romanos señala claramente que los cristianos han sido justificados (véase Romanos 5.1). Para él, no hay conflicto entre la justicia de Dios y su disposición de justificar a los pecadores. Pablo dice:

> Con la mira de manifestar en este tiempo su justicia, a fin de que Él sea *el justo*, y *el que justifica* al que es de la fe de Jesús.
>
> *Romanos 3.26, énfasis mío*

Dios no usa anteojos de color rosa. Él no tiene el hábito de pretender que algo es verdad cuando en realidad no lo es. De modo que, ¿cómo puede Él declarar «inocentes» a hombres y mujeres culpables?

Pablo resume la respuesta a esta pregunta en su segunda carta a los Corintios:

> Al que no conoció pecado [Jesús], por nosotros lo hizo pecado, para que nosotros fuésemos hechos justicia de Dios en Él.
>
> *2 Corintios 5.21*

Dios hizo un canje. En realidad, el término correcto es imputación. Él imputó nuestro pecado a Cristo, y su justicia a nosotros. Imputar algo a las personas es acreditarles eso. Cristo nos acreditó su justicia, incluyendo todos sus derechos y privilegios.

Pero todavía hay el problema de nuestro pecado. Dios no podía seguir siendo justo e ignorar nuestro pecado. Había una pena que pagar. De modo que acreditó a Cristo nuestro pecado. Consecuentemente, Cristo sufrió la muerte en nuestro lugar, y al hacerlo pagó así la pena en que nosotros incurrimos.

---

[1] Charles C. Ryrie, *Basic Theology* [Teología básica], Victor Books, Wheaton, IL, 1987, pp. 298-99.

«Dios mío, Dios mío»

Tal vez se esté preguntando: «Si nuestro pecado exige una muerte —pero esta muerte incluye una separación eterna de Dios— ¿cómo pudo Cristo pagar la pena de nuestro pecado, y todavía sentarse a la diestra del Padre? Si Él tomó nuestro lugar, ¿no tendría que separarse del Padre?

La respuesta a la pregunta es sí. Para que Cristo pagara verdaderamente por nuestros pecados, tenía que sufrir el castigo intentado en principio para nosotros. Y lo hizo. Marcos, con respecto a la muerte de Cristo, dice:

> Cuando vino la hora sexta, hubo tinieblas sobre toda la tierra hasta la hora novena. Y a la hora novena Jesús clamó a gran voz, diciendo: Eloi, Eloi, ¿lama sabactani? que traducido es: Dios mío, Dios mío, ¿por qué me has desamparado?
>
> *Marcos 15.33-34*

Cuando Cristo estaba colgado en la cruz, Dios lo abandonó. La separación fue tan real que Cristo incluso se dirigió a Dios en forma diferente. Hasta ese momento se había referido a Dios como su Padre. De súbito, sin embargo, la comunión se rompió y Jesús clamó, no «Padre mío», sino «Dios mío». La intimidad había desaparecido. Cristo estaba solo.

La pena del pecado suyo era la muerte, física y espiritualmente. El pecado exigía separación de la vida y de Dios. Y así Cristo voluntariamente pagó esa pena en lugar de usted.

Lo asombroso del plan de Dios no puede apreciarse completamente sino cuando comprendemos cómo y por qué Cristo pudo restablecer la comunión con su alienado Padre celestial. El escritor de Hebreos explica:

> Pero estando ya presente Cristo, sumo sacerdote de los bienes venideros, por el más amplio y más perfecto tabernáculo, no hecho de manos, es decir, no de esta creación, y no por sangre de machos cabríos ni de becerros, sino por

su propia sangre, entró una vez para siempre en el Lugar Santísimo, habiendo obtenido eterna redención.

Hebreos 9.11-12

Después de pagar la pena de nuestro pecado, Cristo marchó de regreso directamente a la presencia de Dios. ¿Cómo? ¿Qué fue lo que permitió que se restaurara la comunión? La propia justicia de Cristo. El pecado es la barrera entre el hombre y Dios. Cristo no tenía pecado. Por consiguiente, no había nada que impidiera que Cristo se volviera a unir con el Padre después de un breve período de separación. La condición sin pecado de Cristo le hizo el único sacrificio aceptable por el pecado.

Inscríbase

La fe es el medio por el cual la obra salvaDarla de Cristo se aplica al individuo. Específicamente, la salvación viene al individuo cuando esa persona coloca su fe en la muerte de Cristo en la cruz como el pago completo por el pecado.

El respaldo bíblico para esta idea viene de la construcción gramatical que ocurre repetidamente cuando se menciona la fe en conexión con el perdón y la salvación. Esta construcción consiste en que la palabra griega que significa «creer», es seguida de otra que se traduce «en» o «por», dependiendo del contexto del pasaje. La combinación del término se traduce «creer», y esta pequeña preposición es única en el Nuevo Testamento. En otras palabras, los escritores del Nuevo Testamento se vieron forzados a acuñar una nueva frase para comunicar con precisión su mensaje único:[2]

Y esta es la voluntad del que me ha enviado: Que todo aquel que ve al Hijo, y *cree en* Él, tenga vida eterna; y yo le resucitaré en el día postrero.

Juan 6.40, énfasis mío

[2] Gerald F. Hawthorne, «The Concept of Faith in the Fourth Gospel» [El concepto de fe en el cuarto Evangelio], *Bibliotheca Sacra* [Biblioteca Sagrada], abril de 1959.

Mas a todos los que le recibieron, a los que *creen* en su nombre, les dio potestad de ser hechos hijos de Dios.

Juan 1.12, énfasis mío

Estando en Jerusalén en la fiesta de la pascua, muchos *creyeron* en su nombre, viendo las señales que hacía.

Juan 2.23, énfasis mío

Los escritores de los Evangelios comprendieron que Jesús estaba llamando a los hombres a hacer más que simplemente creer en su existencia. Sabían por experiencia propia que Jesús estaba llamando a los pecadores a que depositaran su confianza en Él: en su vida, en sus palabras y, a fin de cuentas, en su muerte como pago por sus pecados.

Ganar la «vida eterna» y llegar a ser «hijos de Dios» son los términos que usa el apóstol Juan para la salvación. Pablo prefiere el término mencionado anteriormente: *justificación*.

Justificados, pues, por la fe, tenemos paz para con Dios por medio de nuestro Señor Jesucristo.

Romanos 5.1, énfasis mío

Mas al que no obra, sino que *cree en* aquel *que justifica* al impío, su fe le es contada por justicia.

Romanos 4.5, énfasis mío

Un plan simple para el hombre pecador

El plan de Dios es simple:
- Somos culpables.
- Nuestra culpa nos hace merecedores de la muerte.
- Cristo murió en nuestro lugar.
- Debemos admitir nuestra culpa.
- Confiamos en que Cristo fue castigado en lugar nuestro.
- Se nos declara «inocentes».

¡Eso es todo! Y sin embargo *eso* es lo que algunos aducen que podemos perder. Pero, ¿cómo? ¿Cómo puedo perder el pago de Cristo por mi pecado? ¿Puede Dios declararme «culpable», después de que ya me ha declarado «inocente».

Pero, ¡espere!

«Pero, ¡espere», replica el escéptico, ¿qué acerca de los pecados que usted comete después de que Él le ha declarado inocente?»

Buena pregunta. Pero piénselo. ¿Cuáles de sus pecados llevó Cristo en la cruz hace dos mil años? ¿Por cuáles de sus pecados fue castigado? Si murió solamente por una parte de sus pecados —por ejemplo, los que usted cometió hasta el momento de su salvación— ¿cómo puede usted alcanzar perdón por los pecados que cometió después de eso? ¿Tendría Cristo que venir de nuevo y morir otra vez? Y en ese sentido, ¿otra vez, y otra vez, y otra vez?

Si la totalidad de sus pecados no fue resuelta en la cruz hace dos mil años, ¡no hay esperanza para usted! Dios le declaró «inocente» la primera vez basado en la provisión de su Hijo. *¿Sobre qué base podría Él declararle «inocente» la segunda vez?*

La próxima vez que Cristo se muestre en la tierra su agenda no incluirá morir por los pecados que dejó fuera la primera vez que vino (véase Hebreos 9.28). Las Escrituras son claras. Cristo, no como las ovejas y machos cabríos, necesitó ofrecerse una sola vez por todas. Y Dios aceptó eso como el sacrificio único y de una vez por todas, por todos los pecados de los hombres:

Porque no entró Cristo en el santuario hecho de mano, figura del verdadero, sino en el cielo mismo para presentarse ahora *por nosotros* ante Dios; y no para ofrecerse *muchas veces,* como entra el sumo sacerdote en el Lugar Santísimo cada año con sangre ajena. De otra manera le hubiera sido necesario padecer *muchas veces* desde el principio del mundo; pero ahora, en la consumación de los siglos, se presentó *una vez para siempre* por el sacrificio de sí mismo *para quitar de en medio el pecado[...]* así también

Cristo fue ofrecido *una sola vez* para llevar los pecados de muchos, y aparecerá por segunda vez, sin relación con el pecado, para salvar a los que le esperan.[3]

Hebreos 9.24-28, énfasis mío; véase también 9.12

Desde el punto de vista histórico de la cruz, todos sus pecados estaban todavía por cometerse. Si Cristo murió por uno de ellos, murió por todos. ¿Cuál fue la diferencia? Él no necesita venir otra vez para pagar por el pecado. En aquel día Él tomó sobre sí todo el pecado de la humanidad: pasados, presentes y futuros.

¿Cómo puede alguien deshacer eso? Si Cristo llevó sobre sí todos y cada uno de sus pecados, ¿qué es lo que puede hacer que Dios revierta su veredicto de inocente?

¡Nada! ¡Aleluya!

¿Sabe usted?

1. *¿Cómo contamina el pecado a la naturaleza humana?*
2. *¿Por qué es necesario que el pecador muera?*
3. *¿Qué significa el término* imputación?
4. *¿Por qué fue necesario que Jesús sufriera la separación de Dios?*
5. *¿Qué cosa en cuanto a la naturaleza de Cristo le hizo el único sacrificio aceptable por el pecado?*
6. *¿Qué términos usó el apóstol Juan para la salvación? ¿Qué término prefirió el apóstol Pablo?*
7. *Si es perdonado de todos sus pecados que cometió antes de aceptar la salvación, ¿qué en cuanto a los pecados que cometió después?*

---

[3] «Salvar» aquí no es una referencia a la salvación eterna en el sentido de salvar al hombre del infierno. El escritor usa el término aquí para referirse a la salvación de los cristianos de los sucesos catastróficos que tendrán lugar en la tierra justo antes de la Segunda Venida (véanse Hebreos 1.14; 7.25) a los que le esperan.

4

Adopción

La justificación de alguna manera tiene algo de negativo. Cuando un juez declara «inocente», a un hombre, eso en realidad no exige un cambio en la naturaleza de la relación del juez con el acusado. En la mayoría de los casos el juez es hostil o, en el mejor de ellos, apático en cuanto al asunto. Lo ideal es que no haya nada personal, que se gane o pierda, desde la perspectiva del juez.

Los conceptos de exoneración y perdón son similares, pero igualmente hay algunas diferencias importantes. Ser exonerado de un crimen es ser libertado de la obligación con respecto a cualquier deuda, deber o responsabilidad. El perdón incluye esa idea, pero va más allá. Perdonar a alguien es aceptar al individuo de nuevo en el campo de la comunión. El perdón implica la restauración de una relación.

Cuando los hombres y las mujeres ponen su fe en Cristo como su Salvador, no solo son exonerados de su pecado, son perdonados. Un escritor describió la distinción de la siguiente manera:

> Es una cosa haber sido perdonados, porque la pena en que incurrimos debido a nuestras maldades ha sido pagada. Eso, sin embargo, puede simplemente significar que no seremos castigados en el futuro. Ni garantiza necesariamente buena voluntad. Aunque la deuda de un criminal con la sociedad haya sido pagada, esta no lo mirará favorable o

caritativamente. Al contrario, lo observará con suspicacia, desconfianza y hasta animosidad. Con el Padre, no obstante, hay el amor y la buena voluntad que nosotros tan desesperadamente necesitamos y deseamos. Él es nuestro y nosotros somos suyos, y Él[...] nos extiende todos los beneficios que su inmensurable amor puede conceder.[1]

Hijos de Dios

Los escritores del Nuevo Testamento comprendieron de igual forma esta distinción. Tan significativo como es el lado judicial de nuestra salvación, sabían que pasar por alto el elemento relacional sería pintar un cuadro confuso. Bajo la influencia del Espíritu Santo, cada uno de ellos seleccionó algo, bien de su cultura o de su naturaleza, que serviría como una ilustración precisa de esta relación única entre el Dios santo y el hombre.

El Espíritu Santo dirigió al apóstol Pablo a usar el término *adopción* para describir el proceso por el cual Dios establece una relación con el hombre o la mujer que confía en Cristo como Salvador.

Pues no habéis recibido el espíritu de esclavitud para estar otra vez en temor, sino que habéis recibido el espíritu de *adopción*, por el cual clamamos: ¡Abba, Padre! El Espíritu mismo da testimonio a nuestro espíritu, de que somos hijos de Dios.[2]   *Romanos 8.15-16, énfasis mío*

[1] Millard J. Erickson, *Christian Theology* [Teología cristiana], Baker, Grand Rapids, MI, 1985, p. 965.
[2] Algunos opinan que la naturaleza condicional del versículo 17 implica que somos hijos solamente *si* «sufrimos con Él». El «si» del versículo 17 es traducido de la palabra griega *eiper*, que denota más la idea de «puesto que», antes que «si» (véase Romanos 8.9). Para otros ejemplos de este uso, refiérase a la obra de Bauer, Gingrich y Dankers *A Greek-English Lexicon of the New Testament and Other Early Christian Literature* [Léxico griego-inglés del Nuevo Testamento y de otra literatura cristiana primitiva], University of Chicago Press, Chicago, 1958, p. 220.

Nótese cómo Pablo concluye en el valor relacional de la adopción. Se nos anima a pensar de nuestro Padre celestial en la manera más íntima, como un papá. Esta relación es puesta en contraste con la del temor, la cual existía entre el esclavo y su amo. Dios no está simplemente aguantándonos, como el amo lo haría con sus esclavos. Dios desea una relación íntima con nosotros. Y Él se ha hecho cargo de eliminar cualquier barrera posible.

Pablo hace eco de la misma idea en su carta a los Gálatas:

> Pero cuando vino el cumplimiento del tiempo, Dios envió a su Hijo, nacido de mujer y nacido bajo la ley, para que redimiese a los que estaban bajo la ley, a fin de que recibiésemos la adopción de hijos.

Gálatas 4.4-5, énfasis mío

Aquí Pablo hace la conexión entre la adopción y la justificación. Lo interesante es que la gramática de los versículos indica que nuestra justificación fue sólo un medio hacia un fin. La meta de Dios en la salvación fue la relación que quedó disponible mediante nuestra adopción. Ser declarado «inocente» fue simplemente un paso necesario en esa dirección.

¡Se levanta la sesión!

Dios no tiene la intención de que lo consideremos como un riguroso juez, escrutando con la mirada al banquillo del acusado. Sin embargo, algunos creyentes tienen exactamente esa idea en cuanto a Él. Por alguna razón nunca salen del juzgado al salón familiar. Dios es siempre el Juez, nunca el Padre.

Este punto de vista es desafortunado. Pero, todavía peor, es el precursor de la duda sobre la doctrina de la seguridad eterna. He hablado con cristianos que viven con el temor de que el mazo del juez dé otro golpe, esta vez con un veredicto de culpabilidad. Las buenas nuevas son que después de que

Piénselo

Si la salvación no fuera permanente, ¿por qué introducir el concepto de la adopción? ¿No sería mejor simplemente describir la salvación en términos de un contrato condicional legal entre el hombre y Dios?

el Juez nos declaró, a usted y a mí, «inocentes», bajó de su curul y nos dio la bienvenida a su familia. Los días del juzgado quedaron atrás. Esto es aparente en el Evangelio de Juan:

> De cierto, de cierto os digo: El que oye mi palabra, y cree al que me envió, tiene vida eterna; y *no vendrá a condenación*, mas ha pasado de muerte a vida.
>
> *Juan 5.24, énfasis mío*

Como creyente, nunca más será juzgado por sus pecados. Eso es asunto arreglado. Está tan resuelto en la mente de Dios que en el momento de su salvación, conociendo completa y totalmente todos los pecados que aún estaba por cometer, Dios lo adoptó en su familia.

Déjeme repetirlo; adoptarnos en su familia no fue simplemente una cortesía que Dios nos extendió a nosotros pobres miserables pecadores. Fue su meta desde el mismo principio. Y no simplemente del *nuestro*, sino desde el principio de los tiempos, tal como estos versículos lo dicen claramente:

> Bendito sea el Dios y Padre de nuestro Señor Jesucristo, que nos bendijo con toda bendición espiritual en los lugares celestiales en Cristo, según *nos escogió en Él antes de la fundación del mundo*, para que fuésemos santos y sin mancha delante de Él, en amor, *habiéndonos predestinado para ser adoptados hijos suyos* por medio de Jesucristo, según el puro afecto de su voluntad.
>
> *Efesios 1.3-5, énfasis mío*

Antes de la fundación del mundo Dios escogió adoptarle a usted como hijo suyo. ¿Por qué? Por una razón, y sólo una: Él quería hacerlo. Eso es lo que Pablo quiere decir con la frase: «según el puro afecto de su voluntad». Nadie lo obligó. Dios lo quería a usted como hijo suyo. Dios no envió a Cristo a morir porque sintió lástima de usted. Sacrificó a su Hijo Unigénito para poder hacerle a usted su hijo adoptivo.

He oído de muchos embarazos que no son deseados; pero nunca una adopción no deseada. Las parejas adoptan hijos porque *quieren* hijos. Dios lo adoptó a usted por la misma razón. Él sabía sus debilidades. Él sabía de sus inconsistencias. Él sabía todo en cuanto a usted. Pero de todas maneras lo quiso.

De regreso a la corte

La confianza de Pablo en el concepto de la adopción es un fuerte argumento para la seguridad eterna. Para perder la salvación ¡uno tendría que ser desadoptado! Dentro de tal sistema también debe haber provisiones para una re-adopción. La pura idea suena ridícula. Si la logística de tal sistema de creencias no es suficiente para dejarlo a usted pasmado, considere los problemas relacionales que ello crea. ¿Podría poner su confianza total en un Padre celestial que bien puede desadoptarlo?

Permítame decirlo de otra manera. ¿Podríamos jurar lealtad incondicional a un Dios que promete solamente lealtad condicional a cambio? ¿No sería ilógico pensar que podríamos llegar a sentirnos confortables pensando en Dios como nuestro papá, cuando sabemos que si nos alejamos o caemos en el pecado la relación será cortada?

Las personas que sostienen un punto de vista que permite que uno sea desadoptado deben confrontar otra importante barrera teológica. *¿Por qué Dios escogió antes de la fundación del mundo adoptar a alguien a quien Él sabía de antemano que llegaría el momento en que tendría que desadoptarlo?* Creer que podemos ser desadoptados ¡es creer que el hombre es capaz de contrariar la voluntad predestinada de Dios! O es creer que algo en la naturaleza de Dios lo obliga a desadoptar a cierto tipo de hijos.

He conocido y trabajado con adolescentes y jóvenes quienes, debido a desafortunadas circunstancias, han pasado de un hogar de crianza a otro. El daño mental y emocional es devastador. Su autoestima casi no existe. Su ambiente ha alimentado en ellos un profundo sentido de inseguridad. La única cosa que he visto servir para jóvenes con semejante trasfondo es el amor subyugante, la clase de amor que los acepta en cualquier punto en que estén, y se aferra a ellos a través de todas las etapas necesarias para su recuperación.

Discúlpeme si parezco dramatizar demasiado, pero las personas que creen que pueden perder su posición de hijos de Dios deben prepararse para un serio caso de inseguridad espiritual. ¿Cuán profunda puede ser realmente mi relación con Dios cuando Él no puede prometerme, o no prometerá, su amor y aceptación incondicional?

Esperar lo mejor

Si lo anterior es cierto, mejor crucemos nuestros dedos y *abriguemos la esperanza* de que Cristo, a fin de cuentas, derrotará al anticristo al fin. Si el hombre mortal puede contrariar la voluntad profética de Dios para su propia vida, ¡piense en lo que un líder mundial con poderes sobrenaturales puede hacer en una escala universal! ¿Cuál es la diferencia? Tanto Efesios 1 como Apocalipsis describen los propósitos de Dios. ¿Cómo podemos tener fe absoluta en lo uno cuando permitimos excepciones en lo otro?

Por otro lado, si algo en la naturaleza de Dios le tuerce el brazo, por así decirlo, en realidad somos salvados por obras. ¿Cómo? Si hay ciertos pecados que obligan a Dios a desadoptar a sus hijos, nuestra salvación es contingente a nuestra *fe* y a nuestra *disposición* de no cometer esos pecados en particular (cualesquiera que sean). Aún más, significa que Cristo nos llevó sobre sí todo pecado en la cruz.

Como puede ver, los mismos cimientos del cristianismo empiezan a derrumbarse una vez que empezamos a cuestionar la seguridad eterna del creyente. No hay respaldo escriturario para la noción de que se pueda revertir el proceso de adopción. Por el contrario, en el próximo capítulo veremos una ilustración de cuán permanente en realidad es.

¿Sabe usted?

1. ¿Cuál es la diferencia entre exoneración y perdón?
2. ¿Qué es lo que el apóstol Pablo quiere decir con el término adopción?
3. ¿Qué razón cita el autor para que Dios haya escogido adoptarlo a usted como hijo Suyo?
4. ¿Cómo llega el autor a la conclusión de que si ciertos pecados pueden obligar a Dios a «desadoptar a sus hijos», significaría que Cristo no llevó sobre sí en la cruz todos los pecados?
5. ¿Hay algún respaldo escriturario para la noción de que se puede revertir el proceso de adopción?

5

¿Es la adopción para siempre?

Si la salvación se puede perder, nuestra adopción en la familia de Dios no es permanente. Podemos ser «desadoptados», por así decirlo. Tal proceso, sin embargo, jamás es descrito en el Nuevo Testamento, y ni siquiera se alude a él. Ni una sola vez se amenaza a los creyentes con perder la membresía en la familia de Dios. Jesús enseñó precisamente lo opuesto. En lo que a Él concierne, ¡la adopción es para siempre!

Una opinión diferente

Los líderes religiosos de la época de Jesús no tenían esa convicción. No sostenían la doctrina de la seguridad eterna. Creían que la justicia se ganaba y mantenía por guardar la Ley Mosaica. De acuerdo a su teología, si un hombre dejaba la Ley, Dios lo abandonaba. Esa creencia afectaba profundamente su actitud y conducta hacia las personas que no observaban la Ley en la manera que esos líderes pensaban que deberían hacerlo. Como líderes religiosos y pastores del pueblo, se tomaron la atribución de modelar visiblemente el supuesto desdén de Dios por quienes no guardaban la Ley. Consecuentemente, no querían tener nada que ver con ciertas clases de personas.

Por esa razón no era raro oír a un fariseo orar en la manera que Jesús describió:

> A unos que confiaban en sí mismos como justos, y menospreciaban a los otros, dijo también esta parábola: Dos hombres subieron al templo a orar: uno era fariseo, y el otro publicano. El fariseo, puesto en pie, oraba consigo mismo de esta manera: Dios te doy gracias porque no soy como los otros hombres, ladrones, injustos, adúlteros, ni aun como este publicano; ayuno dos veces a la semana, doy diezmos de todo lo que gano.[1]

> *Lucas 18.9-12*

El fariseo menospreciaba a quienes no eran tan «dedicados» o «disciplinados» como él. A su manera de pensar, simplemente estaba reflejando la actitud de Dios. Esa perspectiva distorsionada impulsó a Jesús en varias ocasiones a enfocar sobre ese tema su enseñanza.

A pesar de su claridad algunas personas todavía están confundidas. Esta confusión ha alejado a algunos de la creencia en la seguridad eterna. Como los fariseos de antaño, algunos cristianos creen que su seguridad eterna descansa no en la obra concluida de Cristo en el Calvario, sino en la consistencia de sus buenas obras. Para decirlo de otra manera, han sido adoptados en la familia de Dios por gracia;

---

[1] Es interesante notar que la seguridad del fariseo dependía de su capacidad para guardar la Ley. Jesús dijo que aquel fariseo estaba confiando en sí mismo para su seguridad (véase Lucas 18.9). Pero ¿no es cierto que las personas que piensan que deben mantener cierta clase de buenas obras para poder *seguir siendo salvas* están confiando en sí mismas para su seguridad eterna? Pueden hablar todo lo que quieran sobre cómo deben depender del poder de Dios dentro de ellos para andar en la senda cristiana. Pero la cuestión de fondo es que ellos *escogen* vivir la vida piadosa; por consiguiente, a fin de cuentas responsables por mantener su salvación. Si este es el caso, somos salvos por fe y mantenidos salvos por obras. Así, la salvación no es una *dádiva*; es meramente una *oportunidad*.

pero el que permanezcan o no en ella depende de su disposición de actuar como miembros de la misma. Viven con la amenaza de ser desadoptados.

Una acusación maravillosa

En una ocasión, Jesús estaba rodeado de cobradores de impuestos y pecadores. Su relación con ellos realmente fue demasiado para los líderes religiosos, pues no podían comprender cómo un Maestro que decía venir de Dios, podía alternar con aquellos a quienes ellos, los fariseos, creían que Dios había desdeñado. Empezaron a quejarse entre ellos: «[...] Este a los pecadores recibe, y con ellos come» (Lucas 15.2). En esa cultura el hecho de participar en una comida era una señal de aceptación y genuino compañerismo.

Jesús sabía sus pensamientos y aprovechó la oportunidad para atraer su atención mediante una serie de parábolas, a lo errado de sus ideas. En cada parábola se perdió algo precioso. Y en todas, el propietario dejó a un lado todo lo demás y concentró su atención en hallarlo.

En la primera parábola, un hombre perdió una oveja (véase Lucas 15.4-6). Cuando se dio cuenta de que se había perdido, dejó el resto del rebaño y buscó, hasta que encontró, su oveja perdida. Jesús aplicó la parábola, diciendo:

> Os digo que así habrá más gozo en el cielo por un pecador que se arrepiente, que por noventa y nueve justos que no necesitan de arrepentimiento.
>
> *Lucas 15.7*

El punto de la parábola era claro. Y cayó directo en la cara de la teología torcida de los fariseos. Dios (el pastor) estaba preocupado por el pecador ¡más que lo que estaba por el justo! Pero, ¿cómo podría ser esto? ¿Por qué tendría Él semejante interés por los pecadores cuando ellos, los fariseos, habían procurado tan fielmente apegarse aun a los

Piénselo

Los autores del Nuevo Testamento nos dejaron explicaciones detalladas de cómo uno llega a ser un hijo de Dios; si ese proceso pudiera revertirse, ¿no tendría sentido que por lo menos uno de ellos lo hubiera explicado con igual lujo de detalles?

detalles más minuciosos de la ley? ¿Acaso su justicia no merecía la atención de Dios por sobre la injusticia de los pecadores? Para ellos eso no tenía sentido de ninguna manera.

Antes de que tuvieran tiempo de dilucidarlo, Jesús presentó un segundo escenario. Una mujer perdió una moneda valiosa, y dejó todos sus demás quehaceres hasta que la encontró (véase Lucas 15.8-10). Incluso, a riesgo de parecer irresponsable, buscó hasta que encontró su recompensa. De nuevo Cristo aplicó la parábola a la actitud de Dios el Padre hacia los pecadores. A pesar de lo que los líderes religiosos pensaban y enseñaban, el interés de Dios en ese tiempo no eran los justos, sino los injustos. La fuente de su gozo no eran las obras justas de los piadosos sino la restauración del pecador.

Los fariseos hubieran terminado las parábolas de una manera diferente. El pastor no hubiera ido hasta el extremo para encontrar su oveja perdida. En lugar de eso, hubiera dado a la oveja como perdida para siempre y como que ya no era parte del rebaño. Su actitud hubiera sido: «Esa oveja sabe dónde hallarnos. Si quiere volver a unirse al rebaño, bien. Pero tendrá que venir a nosotros. Además, debería haber sabido mejor antes de descarriarse».

De la misma manera, la mujer que perdió su moneda se hubiera contentado con las que no perdió. Ciertamente no se la hubiera descrito buscándola diligentemente. Después de todo era solamente *una* moneda.

Los fariseos no tenían comprensión del verdadero punto de vista de Dios con respecto a los pecadores. Estaban tan atrapados en su propia pseudo justicia que habían llegado a creer que sus buenas obras eran en realidad la base para su aceptabilidad delante de Dios. Para ponerlo en términos modernos, *creían que su salvación se mantenía por sus buenas obras.*

El hijo perdido

Para martillar su punto aún más, Cristo dio una ilustración más vívida:

> [...] Un hombre tenía dos hijos; y el menor de ellos dijo a su padre: Padre, dame la parte de los bienes que me corresponde[...]
>
> *Lucas 15.11-12*

Con esas palabras Jesús captó la atención total de su audiencia, pues en la cultura judía del primer siglo, ningún hijo que respetara, aunque sea en una mínima parte a su padre, se hubiera atrevido a exigir su porción de la herencia. Era costumbre que el padre escogiera el momento para la división de la herencia. Para empeorar las cosas, el joven hizo la petición. ¡Lo cual era inimaginable!

Jesús continuó:

> Y les repartió los bienes. No muchos días después, juntándolo todo el hijo menor, se fue lejos a una provincia apartada; y allí desperdició sus bienes viviendo perdidamente.
>
> *Lucas 15.12-13*

No sólo que exigió su parte de la herencia, sino que se la llevó al irse del pueblo. Es evidente que no tenía la menor preocupación por el bienestar de su padre. Estaba interesado únicamente por sí mismo. De modo que reunió su dinero, se fue a un país distante y se divirtió hasta que se le acabó.

Sin duda alguna los que oían a Jesús estaban repasando en sus mentes lo que pensaban que aquel malcriado mozalbete se merecía. ¡Cómo se atrevió a pedir tan sustanciosa porción de los bienes arduamente ganados por su padre, y despilfarrarlos! De acuerdo a la ley, el hijo que maldecía a su padre, o era rebelde y obstinado, debía ser muerto (véanse Levítico 20.9; Deuteronomio 21.18-21). La pena de muerte era el veredicto más probable al que llegaron muchos de los que oyeron el relato ese día.

Pero entonces la historia tomó un giro sorprendente:

> Y cuando todo lo hubo malgastado, vino una gran hambre en aquella provincia, y comenzó a faltarle. Y fue y se arrimó a uno de los ciudadanos de aquella tierra, el cual le envió a su hacienda para que apacentase cerdos. Y deseaba llenar su vientre de las algarrobas que comían los cerdos, pero nadie le daba.
>
> *Lucas 15.14-16*

La multitud debe haber sentido nauseas a medida que Jesús describía la condición en la cual se encontró el muchacho. Los fariseos ni siquiera se hubieran acercado a los cerdos, mucho menos alimentarlos. De acuerdo a su definición, el joven estaba irremediablemente inmundo para participar en ceremonia alguna. Es decir, tal vez nunca hubiera logrado limpiarse lo suficiente como para entrar en el templo y ofrecer sacrificios. Y pensar que él había considerado incluso comer lo que comían los cerdos. Para ellos, él se había pasado del punto de retorno; pero, asimismo, se lo merecía.

Al mismo tiempo, sin embargo, muchos que estaban allí ese día podían relacionarse con la historia del hijo pródigo. Habían abandonado a su Padre celestial. Como el muchacho del relato, estaban en situaciones que les llevaron a alienarse de la comunidad religiosa. Según la norma que se practicaba en esos días, eran inaceptables ante Dios. Escucharon con atención al seguir Jesús el relato:

> Y volviendo en sí, dijo: ¡Cuántos jornaleros en casa de mi padre tienen abundancia de pan, y yo aquí perezco de hambre! Me levantaré e iré a mi padre, y le diré: Padre, he pecado contra el cielo y contra ti. Ya no soy digno de ser llamado tu hijo; hazme como a uno de tus jornaleros. Y levantándose, vino a su padre.
>
> *Lucas 15.17-20*

Me imagino que todos los que escucharon a Jesús ese día tenían su propia opinión en cuanto a lo que el Padre debía decir o hacer cuando el hijo empezara su perorata. Al mismo tiempo, dudo que cualquiera de ellos hubiera concluido la parábola en la manera en que Jesús lo hizo:

> [...] Y cuando aún estaba lejos, lo vio su padre, y fue movido a misericordia, y corrió, y se echó sobre su cuello, y le besó.
>
> *Lucas 15.20*

Los fariseos deben haberse estremecido al pensamiento de abrazar a alguien que había estado pastando cerdos. Jesús entonces añadió:

> Y el hijo le dijo: Padre, he pecado contra el cielo y contra ti, y yo no soy digno de ser llamado tu hijo. Pero el padre dijo a sus siervos: Sacad el mejor vestido, y vestidle; y poned un anillo en su mano, y calzado en sus pies. Y traed el becerro gordo y matadlo, y comamos y hagamos fiesta; porque este mi hijo muerto era, y ha revivido; se había perdido, y es hallado.
>
> *Lucas 15.21-24*

El escenario en el peor de los casos

Culturalmente hablando, lo que Jesús describió en la parábola fue el escenario en el peor de los casos. El muchacho no podía haber sido más irrespetuoso. No podía haber sido más insensible. Y ciertamente no podía haber causado más vergüenza para la familia.

Nadie hubiera culpado al padre si hubiese rehusado permitir que el hijo se quedara como un jornalero. El hijo no merecía una segunda oportunidad, y él lo sabía. Reconoció cuán necio hubiera sido regresar con la noción de que se le permitiría reintegrarse a la familia. Eso no era ni siquiera una consideración. En su mente, él había renunciado a todos los derechos de ser hijo. Tenía la convicción de que al abandonar a su padre y desperdiciar su herencia, había renunciado a su posición en la familia.

Una vez hijo, siempre hijo

Su padre, sin embargo, de ninguna manera veía las cosas en esa forma. En su mente, *una vez hijo, siempre hijo.* La primera emoción del padre al ver retornando a su hijo no fue ira. No fue desilusión. Sintió *compasión* por él. ¿Por qué? ¡Porque el muchacho era su hijo!

El padre dijo: «[...] Este mi hijo muerto era, y ha revivido» (Lucas 15.24). No dijo: «Este fue mi hijo, y ahora es mi hijo de nuevo». Por el contrario, no hay ni siquiera indicio de que la *relación* alguna vez se hubiera roto, solamente la *comunión.* Por «muerto» Jesús quiere decir «separado». Esa fue en realidad una figura del lenguaje puesto que en la parábola el hijo no había muerto físicamente.

Algunos han usado las siguientes palabras de Cristo para argüir que la salvación se puede perder. El padre dijo: «Se había perdido, y es hallado» (v. 24). Decir que «perdido» y «hallado» se refiere a la salvación eterna, es dar por sentado que están siendo usadas en forma figurada. Pero no hay evidencia de tal uso en el contexto inmediato. El hijo estaba literalmente *perdido.* Eso es, el padre no sabía en dónde estaba. Cuando el hijo regresó, fue *hallado.*

Una oportunidad perdida

Siendo que el punto de las tres parábolas era ilustrar la actitud de Dios hacia los pecadores, Cristo tuvo la oportunidad perfecta para explicar cómo uno podía perder su lugar en la familia de Dios, si eso fuera posible. Esto es especialmente cierto cuando pensamos en cuanto a los personajes en la tercera parábola. Los paralelos son demasiado obvios como para pasarlos por alto. El padre es el Padre celestial, y el hijo representa a los pecadores de toda clase.

Si alguna vez hubo un hijo que mereciera ser repudiado, ¡era el hijo en la parábola! Si alguna vez hubo circunstancias tales dentro de una familia que exigieran una acción extrema, eran esas. Sin embargo, no hay ni siquiera indicio de rechazo de parte del Padre celestial. Al padre en la historia no se le describe como alguien que batalla en su corazón sobre qué hacer con el hijo arrepentido.

Jesús no describió al Padre celestial como alguien que está esperando que se le pida permiso para entrar de nuevo en la familia. En lugar de eso, describió al Padre como alguien que en ningún momento consideró al hijo como siendo menos de lo que era: un hijo. Se le muestra como quien tomó acción inmediata para restaurar a su hijo vagabundo al lugar de honor y dignidad. No exigió explicación; no exigió que se le pidiera disculpas; nada. No había período de prueba, solamente aceptación y gozo.

¿Cuál es la conexión?

A quienes creen que la salvación se mantiene por las buenas obras, les preguntaría: ¿Cuáles buenas obras mantuvieron la relación entre el padre y el hijo de la parábola? Es claro que se fue como hijo; de otra manera no hubiera recibido la herencia. Es igualmente claro que regresó como hijo. Sin ninguna palabra entre ellos, el padre corrió, lo abrazó, y le restauró los símbolos visibles de la condición de hijo.

¿Qué fue lo que mantuvo la relación del hijo con el padre? Ciertamente el muchacho no estaba actuando como hijo. No manifestó ninguna señal de ser hijo. No hizo buenas obras. Su estilo de vida, si acaso, ¡lo que manifestaba era precisamente lo opuesto! Sin embargo, su relación con su padre nunca cambió. ¿Por qué? Porque el amor y aceptación del padre al hijo no era contingente a las obras del hijo. El amor del padre era incondicional. Amaba al hijo porque era su hijo, porque eran parientes.

Ese fue exactamente el punto que Jesús quería recalcar. El pastor no expulsó de su rebaño a su oveja descarriada. La mujer no sólo se olvidó de su moneda perdida, y dedicó su atención a las que todavía poseía. Y el padre del pródigo no desconoció a su hijo rebelde. En cada caso, lo opuesto fue la verdad.

Dios no está buscando personas a las cuales pueda expulsar de su familia. Él está buscando personas que estén dispuestas a ser incluidas. Y una vez que son incluidas por fe, continuamente las cuida en todos sus altibajos. Él es el Buen Pastor, el Padre compasivo. Él es amor.

Si ha puesto su fe en la muerte de Cristo en la cruz como pago por su pecado, usted ya es un miembro eterno de la familia de Dios. Actuar como un hijo de Dios no le consiguió la admisión. Dejar de actuar como tal tampoco causará su exclusión. El amor incondicional de Dios es eterno. La salvación es para siempre.

¿Sabe usted?

1. ¿Cómo creían los líderes religiosos del tiempo de Jesús que se ganaba y mantenía la justicia?
2. ¿Qué simbolizaba el hecho de que Jesús comiera con los pecadores?
3. En la parábola del hijo pródigo, ¿se usan los términos perdido y hallado figurada o literalmente?
4. ¿Cómo sirve la parábola del hijo pródigo para negar la noción de la salvación por buenas obras?

6

Firmado, sellado y entregado

Cada esposo ha experimentado la frustración y bochorno de ofrecer ayuda a su esposa para abrir un nuevo frasco o botella, tan solo para descubrir que, a pesar de toda su fuerza, ¡la tapa no se mueve ni un ápice! Con una expresión de derrota a regañadientes tenemos que devolverle a la esposa el objeto, quien utilizando agua caliente, rompe el sello y en pocos segundos la tapa sale sin problemas. Nos deslizamos a nuestro sillón favorito, creyendo que el caso jamás tuvo lugar.

A pesar de su amenaza potencial a nuestra masculinidad, hay algo consolador al oír que el sello de un frasco se rompe. Nos asegura que nadie ha falsificado o mezclado algo con el contenido del frasco. Podemos estar seguros de que el contenido ha estado protegido, sin importar de en dónde haya estado aquel envase o quién lo haya tenido en algún momento u otro.

En una escala mucho mayor, hay un sello que asegura a cada creyente que nadie ha falsificado o puesto algo incorrecto en su seguridad eterna. Pablo lo dice de esta manera:

En Él también vosotros, habiendo oído la palabra de verdad, el evangelio de vuestra salvación, y habiendo creído en él, fuisteis *sellados* con el Espíritu Santo de la promesa, que es las arras de nuestra herencia hasta la redención de la posesión adquirida, para alabanza de su gloria.

Efesios 1.13-14, énfasis mío

Varios usos

El término *sellados* se usa de varias maneras en el Nuevo Testamento. En Mateo 27.66 leemos que la tumba de Jesús fue *sellada* por los romanos. En Apocalipsis se nos dice que Satanás será *sellado* en el abismo por mil años. Hay varias referencias a libros *sellados* (véase Apocalipsis 6). Leemos que durante la tribulación Dios *sellará* a ciento cuarenta y cuatro mil personas de las tribus de Israel (véase Apocalipsis 7).

En cada caso el término *sellado* lleva la idea de protección y seguridad. Sellar algo, sea un documento o una tumba, era cerrarlo e impedir la entrada de cualquier influencia o interferencia externa.

Esto es todavía cierto hoy en día. Sellamos ventanas y puertas para impedir que entre el viento. Sellamos las cartas para que nadie las lea excepto el destinatario. Sellamos nuestros sótanos para impedir que entre el agua. Incluso ponemos un sellador en nuestro mobiliario para impedir que el polvo se introduzca en los poros de la madera.

El sello divino de aprobación

Como creyente, usted ha sido sellado. Sabemos que esto es cierto debido a que Pablo, en su segunda carta a los Corintios no condiciona de ninguna manera esta declaración:

> Y el que nos confirma con vosotros en Cristo, y el que nos ungió, es Dios, el cual también nos ha sellado, y nos ha dado las arras del Espíritu en nuestros corazones.
>
> *2 Corintios 1.21-22*

Como un escritor lo dijo:

> El sello les pertenece sólo a los creyentes y a todos los creyentes. En 2 Corintios 1.22 Pablo no hace ninguna excepción al escribir a un grupo en donde las excepciones podrían justificarse fácilmente.[1]

Usted ha sido sellado. El momento en que usted confió en Cristo como su Salvador, Dios le selló. A la luz de los variados usos de este término debemos considerar algunas preguntas. En primer lugar, ¿de qué naturaleza es este sello? ¿Se nos sella como una carta? ¿Se nos sella como una tumba? Segundo, ¿cuál es el propósito de sellarnos? Y tercero, ¿para cuánto tiempo somos sellados?

Una ilustración apropiada

En nuestra cultura casi nunca pensamos en sellar a las personas. Por consiguiente, es un poco difícil imaginarnos el significado de ser sellados por Dios. Por fortuna, tenemos en las Escrituras una ilustración que nos aclara este asunto.

Durante la tribulación, Dios sellará a ciento cuarenta y cuatro mil judíos (véase Apocalipsis 7.4-8). El sello es evidentemente alguna marca visible en la frente. A medida que avanza la tribulación, se hace más y más claro que a los miembros de este grupo que llevan el sello de Dios se les concede protección sobrenatural del caos que les rodea. Al final del período de la tribulación, el grupo entero reaparece intacto para dar la bienvenida al Rey (véase Apocalipsis 14.1-5).

Esta poderosa ilustración nos ayuda a comprender las ramificaciones del hecho de que Dios pone su sello sobre el individuo. El beneficio primario del sello es claramente protección. El sello protege a este grupo durante el período más peligroso en toda la historia de la humanidad. Nada

---

[1] Charles Ryrie, *Basic Theology* [Teología básica], Víctor Books, Wheaton, IL, 1987, p. 359

Piénselo

¿Cuál es la significación
de un sello si puede ser
continuamente quitado
y vuelto a colocar?
¿Qué cosa realmente sella?

puede sobrepasar el poder de este sello, ¡ni siquiera el mismo anticristo!

Al contrario de los ciento cuarenta y cuatro mil mencionados en Apocalipsis, nuestro sello no es visible. Hemos sido sellados «en Él». Nuestro sello es espiritual, no físico. En lugar de recibir una marca en nuestras frentes, se nos ha dado el Espíritu Santo como una garantía del propósito de Dios para preservarnos:

> Y el que nos confirma con vosotros en Cristo, y el que nos ungió, es Dios, el cual también nos ha sellado, y *nos ha dado las arras del Espíritu en nuestros corazones.*
>
> *2 Corintios 1.21-22, énfasis mío*

El Espíritu Santo es *las arras*, o sea, la garantía de las intenciones de Dios. Todavía no ha terminado con nosotros. Pero su presencia demuestra el compromiso de Dios para completar lo que ha empezado. Si la salvación no es permanente, Dios sólo está jugando al enviar al Espíritu a nuestros corazones. Sería como si un hombre le diera un anillo de compromiso a una mujer con la cual no tiene ninguna intención de casarse.

Un propósito divino

Lo que se usa para indicar el sello de Dios en nuestras vidas es ciertamente diferente a lo que Él escogió para sellar a los ciento cuarenta y cuatro mil. Su propósito al sellarnos, no obstante, es el mismo. Así como el sello físico en ellos los protegía para que no perdieran su vida física, así nuestro sello espiritual nos asegura la longevidad de nuestra vida espiritual.

Así como las fuerzas físicas del mal no podrían quitar la vida física de aquellos judíos que estaban sellados, así, también, las fuerzas espirituales de maldad no pueden poner término a la vida espiritual del pueblo de Dios.

¿Por cuánto tiempo?

Por todo el tiempo que los ciento cuarenta y cuatro mil llevaran el sello, estaban seguros. Así, por todo el tiempo que tengamos su sello, estamos igualmente seguros. Eso nos lleva a la tercera pregunta: ¿Cuánto dura el sello? De nuevo Dios, en su gracia, nos da una respuesta por medio del apóstol Pablo:

> Y no contristéis al Espíritu Santo de Dios, con el cual fuisteis sellados para el día de la redención.
>
> *Efesios 4.30*

Quedamos sellados precisamente hasta el mismo «día de la redención». Esto se refiere al día en que nuestra salvación quedará completa, en cuerpo y espíritu. Conforme se dice en el libro de Romanos:

> [...] Nosotros también gemimos dentro de nosotros mismos, esperando la adopción, la redención de nuestro cuerpo.
>
> *Romanos 8.23*

Nuestra salvación no estará completa sino cuando recibamos nuestros nuevos cuerpos:

> Porque es necesario que esto corruptible se vista de incorrupción, y esto mortal se vista de inmortalidad.
>
> *1 Corintios 15.53*

No hay excepciones. Todo aquel que ha sido sellado en Cristo permanecerá sellado hasta el mismo final. Pedro hace eco de este pensamiento en su primera epístola. Recalca que cada creyente tiene una herencia reservada en el cielo. Dice que los creyentes son:

> [...] guardados por el poder de Dios mediante la fe, para alcanzar la salvación que está preparada para ser manifestada *en el tiempo postrero.*
>
> *1 Pedro 1.5, énfasis mío*

De nuevo, encontramos que nuestra salvación no estará completa sino hasta el final de los tiempos. Pero hasta tanto, estamos protegidos «por el poder de Dios».

No hay salida

Solamente Dios puede romper el sello (véase Apocalipsis 5.1-3). Y las Escrituras enseñan claramente que Él ya ha determinado dejar el sello intacto hasta que nuestra salvación sea completa. ¿Cómo, entonces, podríamos posiblemente perder nuestra salvación? Perderla sería quitar el sello. ¿Quién podría hacer eso?

Para quienes sostienen que la salvación no es para siempre, esta pregunta presenta un obstáculo insalvable. Para quienes creemos de otra manera, nos deja con una certidumbre incuestionable.

¿Sabe usted?

1. *Según se usa en las Escrituras, ¿qué implica el término sellado?*

2. *¿Cómo es que el «sello espiritual» protege al pueblo de Dios? ¿Por cuánto tiempo dura el sello?*

3. *¿Cuándo quedará completa nuestra salvación?*

4. *¿Por qué la salvación no puede perderse si Dios sella a su pueblo?*

7

¿Quiénes perecerán?

La condenación eterna indudablemente es una de las enseñanzas más difíciles de la fe cristiana, si acaso no *la más* difícil. ¿Cómo puede Dios justificar el castigar eternamente a un hombre o una mujer por los pecados que ha cometido en un período de unos pocos años? No parece ser justo. Sin embargo, las Escrituras enseñan que el infierno es un lugar existente para gente real:

> Y el diablo que los engañaba fue lanzado en el lago de fuego y azufre, donde estaban la bestia y el falso profeta; y serán atormentados día y noche por los siglos de los siglos[...] Y el que no se halló inscrito en el libro de la vida fue lanzado al lago de fuego.
>
> *Apocalipsis 20.10, 15*

El propósito de este capítulo será afirmar por qué algunas personas pasarán toda la eternidad en el infierno, por qué los nombres de otras no aparecerán en el libro de la vida que se describe en Apocalipsis 20. ¿Qué es lo que separa a aquellos que pasarán la eternidad en el infierno y de los que no?

Esta pregunta es importante a la luz de nuestro tema. De acuerdo con aquellos que creen que se puede perder la salvación, *cualquier cosa que pueda enviar a una persona al infierno puede ser hecha y deshecha repetidamente.* De este modo, los nombres escritos en el libro de la vida pueden ser borrados y escritos de nuevo vez tras vez. Apoyan este punto de vista en textos tales como Apocalipsis 3.5 y Salmo 69.28. Trataremos estos pasajes más adelante. Por ahora, ¿quién envía a alguien al infierno?

Ambos lados concuerdan en dos cosas: (1) todos los seres humanos han pecado (véase Romanos 3.23), y (2) sin embargo, algunos de estos pecadores lograrán llegar al cielo (véase 2 Corintios 5.6-8). Obviamente, el pecado no es la única razón por la cual las personas pasarán la eternidad en el infierno. Hay una categoría de pecadores que escaparán del castigo eterno. ¿Qué es lo que los separa del resto?

¿La intensidad del pecado?

Sin duda alguna habrá conocido a alguien que tiene un pecado en particular en su vida pasada, de tal naturaleza que esa persona siente que es demasiado grave como para que Dios le perdone. Un joven expresó sus sentimientos de la siguiente manera: «Sé que Dios es perdonador, pero no es ciego». Esa era su manera de decir: «Por supuesto que Dios puede perdonar algunas cosas, pero mire lo que he hecho». En las mentes de muchos está la idea de que hay ciertos pecados tan graves que Dios no puede o no quiere perdonarles. Consecuentemente, piensan que quienes se han involucrado en estas acciones en particular están destinados al infierno.

Si este fuera el caso, de seguro que Dios hubiera guiado a alguien a registrar en la Biblia una lista de pecados imperdonables.[1] Un Dios amante no nos dejaría a la deriva con respecto a una cuestión tan vital. Pero esa clase de lista no existe. En la primera carta de Pablo a los Corintios hallamos que lo opuesto es la verdad:

> [...] ni los fornicarios, ni los idólatras, ni los adúlteros, ni
> los afeminados, ni los que se echan con varones, ni los

---

[1] Hablaremos acerca *del* pecado imperdonable en un capítulo posterior.

ladrones, ni los avaros, ni los borrachos, ni los maldicientes, ni los estafadores, heredarán el reino de Dios. Y esto *erais* algunos; mas ya habéis sido lavados, ya habéis sido santificados, ya habéis sido justificados en el nombre del Señor Jesús, y por el Espíritu de nuestro Dios.

1 Corintios 6.9-11, énfasis mío

¿Personas culpables de toda clase de pecados sexuales y contra la ética habían hallado perdón por medio de Cristo. Y el mismo autor era culpable de haber perseguido a la iglesia y de haber arrastrado a los cristianos a prisión. El infierno no está reservado para quienes cometen cierta clase de pecados. De otra manera Pablo no podría haber dicho lo que dijo de los creyentes en Corinto.

Si hay pecados tan severos que determinan el destino del hombre, ciertamente el asesinato del Hijo de Dios sería uno de ellos. ¿Qué crimen más grande pudiera cometerse en toda la historia humana? Sin embargo, en el Evangelio de Lucas leemos que Jesús miró a los que le crucificaban, y dijo:

[...] Padre, perdónalos, porque no saben lo que hacen[...]

Lucas 23.34

Extraño como parece, matar al Hijo de Dios no fue tan grave como para colocar a aquellos hombres fuera de los límites de la oferta de perdón de Dios.

¿Repetición del pecado?

«Pero», alguien pregunta, «¿qué en cuanto a la persona que continúa repitiendo el mismo pecado vez tras vez? De seguro que Dios se va a hastiar; y con el correr del tiempo hasta *su* paciencia debe acabarse. Incluso si la persona se arrepiente después de cada ofensa, pronto se hace aparente que su arrepentimiento no es sincero. ¿Está este tipo de persona destinada al infierno?

Piénselo

*Si el hombre o la mujer,
que en algún momento de su vida
puso su fe en Cristo, acaba
en el infierno, ¿no desmiente eso lo
que Jesús le dijo a Nicodemo? O, en
el mejor de los casos, ¿no es
solamente una verdad a medias?*

De nuevo, la respuesta es no. Jesús trató específicamente con esta cuestión en un diálogo con los discípulos. Él dijo:

> Mirad por vosotros mismos. Si tu hermano pecare contra ti, repréndele; y si se arrepintiere, perdónale. Y si siete veces al día pecare contra ti, y siete veces al día volviere a ti, diciendo: Me arrepiento; perdónale.
>
> *Lucas 17.3-4*

Jesús llegó a un extremo irreal para hacer el punto simple, sin embargo, difícil de aceptar. El Hijo de Dios enseñó que si alguien peca contra nosotros siete veces al día, debemos perdonarle. Su punto no fue que debemos limitarnos a siete veces, sino que debemos continuamente perdonar a otros, sin importar con cuánta frecuencia nos ofendan o cuán insincera pudiera ser su disculpa.

Incredulidad

¿Qué es, entonces, lo que envía a una persona al infierno? ¿Qué es lo que garantiza la omisión del nombre de esa persona del libro de la vida? ¿Qué ingrediente hay que, mezclado con el pecado, de alguna manera asegura la condenación en el lago de fuego? Pecar, por sí solo, no lo consigue, por cuanto como ya hemos visto, pecadores de toda clase tienen la posibilidad de escapar del infierno.

La enseñanza más clara sobre el tema nos viene en la conversación entre Jesús y Nicodemo. Es el pasaje que contiene lo que tal vez sea el versículo más familiar de todo el Nuevo Testamento:

> Porque de tal manera amó Dios al mundo, que ha dado a su Hijo unigénito, para que todo aquel que en Él cree, no se pierda, mas tenga vida eterna. Porque no envió Dios a su Hijo al mundo para condenar al mundo, sino para que el mundo sea salvo por Él.
>
> *Juan 3.16-17*

¿Qué es lo que evita que el hombre perezca? Jesús no le mencionó a Nicodemo una lista de pecados ni luego añadió: «En tanto y en cuanto el ser humano se guarde de estos, no perecerá». Su única condición fue la fe en Él.

Nótense sus siguientes palabras:

> El que en Él cree, no es condenado; pero el que no cree, ya ha sido condenado, porque no ha creído en el nombre del unigénito Hijo de Dios.
>
> *Juan 3.18*

Mire este versículo y responda a la pregunta: De acuerdo a Jesús, ¿qué debe hacer una persona para no ser condenada por el pecado? ¿Debe dejar de hacer algo? ¿Debe prometer dejar de hacer algo? ¿Debe haber hecho algo? La respuesta es tan simple que muchos tropiezan en ella incluso sin haberla visto nunca.

Todo lo que Jesús requiere del individuo es que «crea en» Él.

Mírelo de nuevo. ¿Qué es verdad del que ya ha sido condenado? ¿Ha cometido un pecado imperdonable de alguna clase? ¡No! Es condenado debido a que «no ha creído en» el Hijo de Dios.

Al escape del juicio

Ahora consideremos dos preguntas: Primero, ¿a qué clase de condenación está refiriéndose Cristo? En realidad no se señala al tribunal de Cristo, por cuanto Pablo dijo que todos debemos comparecer allí para juicio (véase 2 Corintios 5.10). Es evidente que, no *todos* seremos juzgados en el sentido al que Cristo hace referencia aquí.

Segundo, Jesús implica que algunos hombres que están todavía vivos ya han sido juzgados y condenados. Los hombres no estarán ante el tribunal de Cristo sino hasta después de muertos. De otra manera, no podrían dar cuenta de sus vidas. Jesús tenía en mente algo distinto a su tribunal.

Él no puede haberse estado refiriendo al juicio ante el Gran Trono Blanco, por cuanto está reservado para todos los seres humanos después de que ha terminado la vida en esta tierra (véase Apocalipsis 20.11-15). Todavía más, ese evento se describe en Apocalipsis como una ocurrencia única. El tipo de juicio del que Jesús habla en Juan es algo continuo. Algunos hombres no serán juzgados; algunos ya han sido juzgados; otros están siendo juzgados. ¿De qué clase de juicio está aquí hablando Jesús?

Él nos dice:

> Y esta es la condenación: que la luz vino al mundo, y los hombres amaron más las tinieblas que la luz, porque sus obras eran malas.
>
> *Juan 3.19*

El término que aquí se traduce por *condenación* en otros lugares se traduce como *juicio*. Jesús usa el término para referirse a la *condenación* que viene como resultado de rehusar volverse a Cristo para salvación. Al rechazar «creer en» Cristo, ¡la gente se condena a sí misma! Jesús no está condenándolos. En ese tiempo en particular en la historia, tanto como en la era presente, Él estaba y está sirviendo como Salvador, no como Juez (véase Juan 3.17). Pero cuando las personas se alejan del Salvador, atraen sobre sí mismas la condenación.

Un escritor ofrece estas perspectivas:

> En una galería en donde se exhiben obras maestras de arte, no son ellas las que están bajo juicio, sino el visitante[...] El actor popular que hace algunos años desdeñó a la Mona Lisa diciendo que era «un montón de estiércol» (excepto que usó una palabra menos cortés que «estiércol») no nos dijo nada en cuanto a la Mona Lisa; nos dijo mucho acerca de sí mismo. Lo que es cierto en el campo estético, es igualmente cierto en el campo espiritual. El hombre que desprecia a Cristo, o piensa que él es indigno de su lealtad, dicta juicio sobre sí mismo, no sobre Cristo. No necesita

esperar hasta el día del juicio; el veredicto ya ha sido pronunciado. Habrá, desde luego, un día final de juicio (Juan 5.25-29), pero ese día sólo servirá para confirmar el juicio que ya se ha dictado.[2]

«El que cree»

Otra pregunta que surge a raíz del diálogo entre Jesús y Nicodemo es esta: ¿Qué significa «creer en» Jesús? El término *creer* puede tener algunas connotaciones. Alguien puede decir: «Creo que lloverá esta tarde». En ese caso, lleva la idea de una «esperanza calculada». Algunas veces oímos que la gente declara: «Creo en Dios». Aquí *creer* denota «un asentimiento mental a una idea», o sea, en la existencia de Dios. En tal afirmación no hay ningún sentido de confianza o compromiso y entrega, simplemente la aceptación de la idea.

Juan no tenía en mente ninguna de estas connotaciones de *creer* cuando escribió: «El que en Él cree no es condenado». *Creer en* Jesús en el sentido que Juan lo usó en esta frase significa «confiar en» Él.

El *Webster Third New International Dictionary* [Tercer nuevo diccionario internacional Webster, en inglés], define confiar como «confianza segura en alguna persona o cosa; una dependencia confiada en el carácter, capacidad, fuerza o verdad de algo o alguien». Confianza denota una participación personal. Da por sentado una relación de alguna clase. La diferencia entre creer y confiar se ilustra en el hecho de reconocer que el puente me puede sostener y, en realidad, cruzarlo. Lo anterior no es más que una esperanza calculada, o asentimiento mental, a lo que se me ha dicho. Lo último, sin embargo, es una demostración de dependencia.

Como señalamos en el capítulo 3, el respaldo bíblico para la idea procede de la construcción gramatical que ocurre

---

[2] F. F. Bruce, *The Gospel of John* [El Evangelio de Juan], Eerdmans, Grand Rapids, MI, 1983, p. 91.

repetidamente en donde se menciona la fe en conexión con el perdón y la salvación. Esta construcción consiste en la palabra griega que significa «creer» seguida de una pequeña palabra que se traduce como «en». Esta combinación es única en el Nuevo Testamento.

Todo junto

¿Cómo se relaciona todo esto con el tema de la seguridad eterna? El debate es sobre si el hombre puede estar camino al cielo en un minuto, y camino al infierno al siguiente. Para responder a tal pregunta, debemos comprender exactamente qué es lo que envía a una persona al infierno. Como hemos visto, el pecado por sí solo no es suficiente. El cielo estará lleno de personas que han cometido toda clase de pecados. Se requiere más que simplemente pecar para ir al infierno.

Jesús nos da en Juan 3 el resto de la ecuación. Los pecadores que no ponen su fe en Cristo perecerán y estarán fuera de la vida eterna. En efecto, los que rechazan a Cristo se lo han acarreado sobre sí mismos; ¡es como si ya estuvieran allí! No quieren tener nada con Cristo en esta vida y por eso no tendrán nada con Él en la eternidad. No es mentir, engañar, robar, violar, asesinar o ser infiel, lo que envía a la gente al infierno. Es rechazar a Cristo, rehusar poner en Él la fe para el perdón de los pecados.

Hay muchas similitudes entre la salvación y el matrimonio. Una persona no se casa para fingir que está casada. Ni tampoco obtiene un divorcio por actuar como si estuviera divorciado. Un hombre y una mujer se casan entrando en un contrato legal. Obtener un divorcio es una cuestión legal igualmente. Si *actúan* o no como casados, es irrelevante. He conocido varias parejas que se han separado y han adoptado estilos de vida que no dan evidencia de su estado civil. Sin embargo, estaban tan casados como en el día en que pronunciaron sus votos.

De la misma manera, no llegamos a ser salvos por actuar como salvos. Tampoco nos revertimos a la posición de no salvos actuando como no salvos. La salvación, según hemos visto, ocurre en un momento cuando por fe aceptamos la dádiva de la gracia de Dios. En ese instante Dios nos declara «inocentes».

Así como hay personas casadas que actúan como si no lo estuvieran, así hay cristianos que no muestran evidencia de su cristianismo. Pero eso no cambia su estado eterno, de la misma manera en que un hombre perdido no cambia su destino eterno por actuar como si estuviera salvo.

Pero qué tal en cuanto a...

Puedo oír el ruido de las páginas de la Biblia del escéptico al ser pasadas velozmente tratando de mencionar otros pasajes de las Escrituras que parecen enseñar algo diferente, o que tal vez deberíamos decir, «equilibran» lo que hemos dicho hasta aquí. Lidiaremos con esos versículos en capítulos posteriores. Pero, por ahora, no perdamos de vista un punto extremadamente importante: Nicodemo no tenía ninguna de las otras Escrituras del Nuevo Testamento. Y, a partir de su diálogo con Jesús, ¡es claro que su comprensión del Antiguo Testamento no era lo que debería haber sido! ¿Fue directo Jesús con Nicodemo? ¿Hubo algo que olvidó decirle? ¿Le dejó con solo media verdad? ¿Supuso que Nicodemo tomaría un día una copia de Gálatas o de Hebreos para completar su teología? Pienso que no.

El mensaje de Jesús fue simple. La vida eterna se halla por medio de la fe, y por medio de la fe sola. Tanto el cielo como el infierno estarán llenos de hombres y mujeres que han cometido toda clase imaginable de maldad. La diferencia no estará en la severidad de su pecado, ni en el número de sus ofensas, sino en su respuesta a la oferta del Salvador.

¿Sabe usted?

1. Si todos son pecadores —incluyendo los cristianos— ¿por qué es que algunas personas escaparán del infierno?

2. ¿Hay algunos pecados tan severos que cerrarán la puerta del infierno a cualquiera que los cometa?

3. ¿Está destinada al infierno la persona que persiste en repetir el mismo pecado vez tras vez?

4. De acuerdo al autor, ¿a qué se refería Jesús cuando usó el término condenación?

5. ¿Cuál es la diferencia conceptual entre los términos creer y creer en?

8

Para quienes dejan de creer

Las personas en ambas posiciones en su mayoría, concuerdan en que somos salvos por fe. Sin embargo, quienes creen que la salvación puede perderse hacen a menudo una pregunta incisiva acerca de la relación entre la salvación y la fe. Esa pregunta puede expresarse así:

Si nuestra salvación se gana por creer en Cristo, ¿no tiene sentido que esa salvación se pierda si dejamos de creer?

O, de otra manera:

Si los cristianos pierden la fe, al punto en que ya no reconocen la muerte de Cristo en la cruz como el pago por el pecado, ¿no significa que perderán también su salvación?

O, para ponerlo en el contexto escriturario:

Juan 6.47 dice: [...] «El que cree en mí, tiene vida eterna». ¿No significa entonces que aquel que no cree no tiene la vida eterna?

Siguiendo la misma línea, algunos han argumentado que el término *creer*, cuando se refiere a la salvación, siempre se usa en el tiempo presente, como es el caso de Juan 6.47. La implicación es que un creyente es alguien que *siempre* está creyendo. Por consiguiente, dejar de creer es descalificarse de la familia de creyentes.[1]

Por convincentes que pudieran parecer estos argumentos, están plagados de problemas. La Biblia claramente enseña que el amor de Dios por su pueblo es de tal magnitud que incluso quienes se alejan de la fe no tienen ni la menor posibilidad de salirse de su mano.

Fe y salvación

Empecemos con una pregunta fundamental: ¿Qué dice la Biblia acerca de la relación entre creer y la salvación? Ya hemos visto que la fe es un ingrediente clave para obtener la salvación. Pero, vayamos más allá. Enfoquemos la conexión específica entre las dos. El apóstol Pablo explica su asociación de la siguiente manera:

> Pero Dios, que es rico en misericordia, por su gran amor con que nos amó, aun estando nosotros muertos en pecado, nos dio vida juntamente con Cristo (por gracia sois salvos), y juntamente con Él nos resucitó, y asimismo nos hizo sentar en los lugares celestiales con Cristo Jesús, para mostrar en los siglos venideros las abundantes riquezas de su gracia en su bondad para con nosotros en Cristo Jesús. Porque por gracia sois salvos por medio de la fe; y esto no de vosotros, pues es don de Dios; no por obras, para que nadie se gloríe.
>
> *Efesios 2.4-9*

Desde el mismo comienzo Pablo recalca un importante punto teológico. La razón («por su...») por la que Dios nos dio vida fue su «gran amor». ¿Por qué es eso tan importante? Porque desde el mismo principio descubrimos la razón o motivación detrás de nuestra salvación. Pablo no dice: «Debido a nuestra gran fe persistente con la cual hemos

[1] Robert Shank usa esta línea de razonamiento para argumentar en contra de la seguridad eterna del creyente en *Life in the Son* [Vida en el Hijo], Wescott, Springfield, MO, 1960.

creído en Él». La *fe* no es la razón por la cual Dios salva a los hombres. La razón es el amor.

La motivación de Dios en la salvación

Nosotros no hicimos nada para motivar a Dios a que nos salvara. Su motivación fue intrínseca. Procedió de dentro de su propia naturaleza. Él vio nuestro aprieto y sintió compasión por nosotros. Cualquiera que se ha detenido en la carretera para recoger un perro extraviado o mover a un lugar seguro el nido caído de un pájaro, refleja en una manera limitada, la compasión que Dios expresó en la salvación.

Pablo explica esto aún más con su comentario entre paréntesis «por gracia sois salvos». El término griego para *gracia* implica que ella fue el «instrumento» que se usó para lograr la salvación.[2] En otras palabras, si uno le preguntara a Dios: «Dios, ¿cómo me salvaste?» Él respondería: «Por gracia».

La gracia resume el proceso entero de la salvación. Pone en una cápsula la venida de Cristo, la oferta de perdón, su crucifixión, su resurrección y su ascensión. ¿Por qué la gracia? Porque gracia indica un favor inmerecido; sugiere una expresión inmerecida de bondad y buena voluntad. Todo el proceso de la salvación es precisamente eso: un obsequio inmerecido. Desde el principio hasta el fin, la salvación es por gracia. Ahora tenemos que responder a dos preguntas básicas:

P1: ¿Por qué nos salvó Dios?
R1: Porque nos amó.

P2: ¿Cómo nos salvó Dios?
R2: Por gracia; por una serie de hechos inmerecidos que ejecutó para nuestro beneficio.

---

[2] C.F.D. Moule, *An Idiom Book of the New Testament Greek* [Libro de refranes del griego del Nuevo Testamento], Cambridge University Press, Nueva York, 1959, p. 44.

Piénselo

*¿Hay algo que le impida
aceptar ahora mismo
el obsequio gratuito
de la salvación de Dios?*

El propósito de Dios

Pablo responde aun a otra pregunta crucial. En el versículo 7 revela el *propósito* de nuestra salvación:[3] Para que pudiéramos ser los objetos eternos de la bondad de Dios.

Esta verdad enfatiza la profundidad del amor que movió a Dios para empezar. A diferencia del amante de la naturaleza que se detiene para rescatar a un ave herida, el amor de Dios va más allá de la compasión. Él no nos salvó simplemente para mantenernos fuera del infierno. Nos salvó para garantizar una relación eterna con nosotros, una relación en la cual continuaríamos siendo los recipientes de su bondad.

La gracia de Dios hacia usted no se detuvo con el perdón. ¡Su gracia continuará siendo derramada sobre usted para siempre! Ese fue su propósito desde el mismo comienzo.

Antes de que avancemos más, usted necesita hacerse una pregunta muy seria: «¿Creo que tengo el poder de alterar los propósitos de Dios?» Una vez que Dios ha resuelto que va a hacer algo, ¿piensa usted que tiene el poder para arrojar alguna herramienta al trabajo que Él hace y arruinar las cosas? Creer que el hombre o la mujer puedan perder su salvación es creer que el ser humano puede frustrar el propósito eterno de Dios.

Dios tiene planes para todos los que estaban muertos en sus delitos y pecados y han recibido vida en Cristo. Sostener una teología en la cual el hombre puede hacer algo para enviarle de regreso a un estado de muerte espiritual, negando así a Dios de su predeterminado propósito, es abrazar un sistema en el cual el hombre está en el asiento del conductor y Dios es simplemente un pasajero.[4]

---

[3] «Para que» es la traducción de *hiná*. Esta conjunción griega se usa casi siempre para significar la idea sea de propósito o de resultado. Puesto que aquello de lo que se habla aquí está todavía en el futuro, propósito parece encajar mejor.

[4] Este punto de vista no coarta la libertad del hombre. En forma experimental, el hombre es libre para escoger o rechazar el don divino de la salvación. Sin embargo, rechazar la salvación de

... Por fe

Al fin llegamos al punto central de nuestra consideración: la relación entre la fe y la salvación. Sea que usted se dé cuenta de ello o no, hemos eliminado algunos de los puntos de vista más comúnmente aceptados en cuanto a la fe y la salvación. Primero que todo, aprendimos que *la fe no es la razón por la cual Dios nos salva.* Recuerde, Pablo deja bien en claro que la razón es el amor.

Segundo, *no somos salvos* por *nuestra fe.* Somos salvos por gracia. El instrumento de la salvación fue y es la gracia. Dios ideó el plan y lo realizó mediante Cristo. Nosotros no tomamos ninguna parte en él, ni tampoco merecíamos ninguna parte de él. Fue por gracia de principio a fin. «¿Cómo, entonces» pregunta, «encaja la fe en todo esto?» Pablo lo aclara al decir:

> Porque por gracia sois salvos por medio de la fe; y esto no de vosotros, pues es don de Dios; no por obras, para que nadie se gloríe.
>
> *Efesios 2.8-9*

De nuevo Pablo explica el papel de la gracia. Pero entonces añade la frase siempre tan importante —y sin embargo tan

---

ninguna manera destruye los propósitos de Dios. En ninguna parte enseñan las Escrituras que Dios ha *propuesto* que todo hombre y mujer sean salvos. Debemos diferenciar aquí entre las cuestiones de deseos y cuestiones de propósitos. Dios desea que toda persona sea salva, pero Él no tiene en sus propósitos que sea así. Él se ha propuesto, sin embargo, que toda persona que es salva en algún momento, con el correr del tiempo sea el objeto de su gracia en el siglo venidero. Decir que el hombre puede hacer algo que le hace perder su salvación es decir que tiene la capacidad de bloquear a Dios en el desempeño de sus propósitos. Si este es el hecho en verdad, toda la profecía puede disputarse, por cuanto ¿cómo podemos legítimamente hacer una distinción entre el propósito de Dios según se indica en Efesios y el que se señala en Apocalipsis?

mal entendida— «por medio de la fe». «Por medio» es la traducción de la palabra griega *dia*, la cual lleva la idea de «medio» o «agencia».[5] La fe fue el agente por el cual Dios pudo aplicar su gracia a la vida del pecador.

Un uso paralelo del término se halla en la primera carta de Pablo a los Corintios:

> Pues ya que en la sabiduría de Dios, el mundo no conoció a Dios mediante la sabiduría, agradó a Dios salvar a los creyentes *por* la locura de la predicación.
>
> *1 Corintios 1.21, énfasis mío*

El mensaje fue el agente por el cual la salvación quedó accesible al grupo de personas en cuestión. Pablo no está diciendo que el mensaje en sí mismo les salvó. El mensaje fue simplemente el medio por el cual se les explicó la gracia salvadora de Dios.

Un salto desesperado

Imagínese por un momento que está en la escena de un edificio incendiado. Una muchedumbre grita y señala hacia uno de los extremos del edificio. Usted se acerca corriendo para ver de qué se trata. Cuando llega, los bomberos le dicen que una mujer está atrapada en una cornisa del tercer piso. Su única esperanza es saltar a la red, colocada justo debajo de donde ella está.

Al mirar a través del humo, ve fugazmente la figura de la mujer. Está aterrorizada y confusa. Usted ve la red, no muy lejos. En realidad parece ser muy fuerte como para sostener a la mujer, y evidentemente los bomberos tienen confianza plena en que si salta, salvará su vida.

De pronto, sin ninguna advertencia, la mujer lanza un alarido y salta del edificio. Los bomberos se preparan para absorber el impacto de su cuerpo al caer en la red de seguridad.

---

[5] Bauer, Gingrich y Danker, *A Greek-English Lexicon of the New Testament and Early Christian Literature* [Léxico griego-inglés del Nuevo Testamento y literatura cristiana primitiva] University of Chicago Press, Chicago, 1979, p. 180, sección III, subsección 1, d.

Cuando bajan la red, usted ve que la mujer escapó con sólo lesiones menores. La multitud aplaude, y usted sigue contento su camino.

Ahora, piense por un momento, ¿qué fue lo que salvó la vida de la mujer?

La red, por supuesto. Nadie le hubiera acreditado el mérito de salvar su propia vida. Por fortuna para ella, los bomberos adiestrados estaban en el punto en donde sabían que podían manejar las situaciones de emergencia. Formularon un plan, lo pusieron en práctica y lo realizaron.

Pero ¿qué cosa cerró la brecha entre su necesidad y la provisión que le esperaba abajo? ¡Un salto desesperado! Sin embargo, el salto no la salvó. Mucha gente ha saltado de edificios incendiados para terminar bien muertos sobre el pavimento. La red y los bomberos la salvaron.

Así es con la fe. Ella no salva a la persona. Todo el mundo ha expresado fe en un momento u otro. Sin embargo, no todos pasarán la eternidad en el cielo. La gracia de Dios es lo que nos salva. *Nuestra fe, sin embargo, es lo que cierra la brecha entre nuestra necesidad y la provisión de Dios;* específicamente, es un momento en el tiempo en el cual la expresión de fe en Cristo une la provisión de Dios con nuestra necesidad. Cuando la mujer saltó, estuvo segura. Cuando creemos, somos salvados.

Me imagino que la mujer que atraviese una experiencia tal como la que hemos descrito siempre tendrá fe en los bomberos y sus redes de seguridad. Pero incluso si no la tuviera, el hecho que fue salvada del incendio sigue siendo cierto. De la misma manera, con toda probabilidad, un cristiano que ha expresado fe en Cristo y experimentado perdón del pecado siempre creerá que ello se halla por medio de Cristo. Pero incluso si no creyera que está perdonado, ¡el hecho persiste!

Es cierto que la misma mujer pudiera hallarse atrapada en un incendio diferente. Y es igualmente cierto que la degeneración de su fe en los bomberos y sus redes pudiera ser mortal. Pero si el hombre o la mujer han sido rescatados una vez de un estado de no estar perdonados, no tienen por qué preocuparse, por cuanto, una vez que el cien por ciento de los pecados del hombre o la mujer son perdonados, se ha eliminado el potencial de que pudieran retornar a estar sin perdón. El riesgo es cero. No hay más incendios de los cuales el pecador necesite ser rescatado.

¡Sí!

La fe es simplemente la manera de decir sí al regalo gratuito divino de la vida eterna. La fe y la salvación no son una y la misma cosa, así como el obsequio y la mano que la recibe no son lo mismo. La salvación o justificación o adopción —como desee llamarlo— es algo independiente de la fe. Consecuentemente, Dios no requiere *una actitud constante* de fe para poder ser salvos, sólo un *acto* de fe.

Una ilustración más pudiera ser útil. Si escojo tatuarme el brazo eso involucraría un solo acto único de mi parte. Sin embargo, el tatuaje permanecería en mí indefinidamente. No tengo que mantener una actitud de ansiedad por los tatuajes para asegurarme de que el mío sigue en mi brazo. En efecto, puedo cambiar de opinión el minuto que lo recibo. Pero eso no cambia el hecho de que tengo un tatuaje en mi brazo. Mi petición del tatuaje y él en sí mismo son dos cosas diferentes por completo. Lo recibí al pedirlo y al pagar para que lo hicieran. Pero pedir que me devuelvan mi dinero y cambiar mi actitud no deshará lo que ya está hecho.

El perdón, o la salvación, se aplica en el momento de la fe. No es lo mismo que la fe. Y su permanencia no es contingente a la permanencia de la fe de uno.

Un regalo es un regalo

Usted y yo no somos salvos porque tengamos fe perdurable. Somos salvos porque en un momento expresamos fe en nuestro Señor perdurable. Nótese cómo Pablo termina este pasaje:

> [...] es don de Dios; no por obras, para que nadie se gloríe.
>
> *Efesios 2.8-9*

Lo descrito aquí es algo que experimentamos cada vez que se nos da un obsequio. *Es don* se refiere al proceso entero que Pablo acaba de describir; esto es, la salvación.[6] La «salvación», dice Pablo, «es un don», es un regalo, es un obsequio. Ahora, no sé en cuanto a usted, pero yo he aprendido que un regalo que se puede volver a quitar no es un regalo. Los verdaderos regalos no llevan cuerdas escondidas. Una vez que usted impone condiciones en cualquier clase de regalo, se convierte en trueque, no en regalo.

Decir que se nos puede quitar la salvación por alguna razón, sea por pecado o incredulidad, es ignorar el claro significado de este texto. Imponer condiciones sobre la permanencia de nuestra salvación es decir que no es un don. Por consiguiente, imponer condiciones en la permanencia de la salvación equivale a no creer en Efesios 2.8, o Juan 4.10, u otros pasajes en donde claramente se describe la salvación como una dádiva, como un don, como un obsequio.

Lo que hagamos con el obsequio es un asunto enteramente distinto. El hecho de que no aproveche un regalo no dice nada en cuanto a la persona a quien le pertenece. Todavía

---

6 Muchos arguyen que «*es don*» se refiere a la fe, y por consiguiente, el don es la fe. Gramaticalmente hablando, esa evaluación de lo que Pablo tenía en mente es dudosa. El pronombre que se usa es neutro. *Fe* y *gracia* son sustantivos femeninos. El uso del pronombre neutro después de estos nombres femeninos indica que la referencia es a una idea más amplia. Pablo probablemente tenía en mente aquí el escenario completo de la salvación. La salvación es un don. Véase A. T. A. Robertson, *Grammar of the Greek New Testament* [Gramática del griego del Nuevo Testamento] Broadman Press, Nashville, 1934, p. 704.

me pertenece a mí. Usted puede tomar su obsequio y enterrarlo en su patio posterior, pero es todavía suyo. Una vez que usted acepta un regalo, es suyo, le guste o no le guste.

Usted dice: «¿Qué tal si lo devuelvo?» Puede devolverlo sólo si el dador acepta que se lo devuelva. En el caso de la salvación Dios tiene una política estricta de no aceptar devoluciones. No hay evidencia, en forma de afirmación o ilustración, de que Dios alguna vez le haya quitado o recibido de vuelta de un creyente el don de la salvación una vez que se lo dio. Su amor evitaría que lo haga. Tenga presente, Cristo vino a buscar y a salvar lo que se había perdido. ¿Por qué recibir de regreso aquello que vino a dar?

¿Y la fe? La fe en nuestra manera de aceptar el regalo de Dios. La fe sirve como nuestras manos espirituales por las cuales se acepta el obsequio en un momento en particular. De nuevo, la fe salvadora no es necesariamente una actitud sostenida de gratitud por el don de Dios. Es un momento singular en el tiempo en el cual recibimos lo que Dios ha ofrecido.

Antes de que avancemos un poco más, permítame preguntarle: ¿Ha habido algún momento en su vida cuando usted aceptó el regalo gratuito divino de salvación? Si no, ¿por qué no resolver la cuestión de una vez por todas, ahora mismo. Es realmente tan simple. Dios no está buscando una serie de promesas. Su interés primordial, en este punto, no es su capacidad de avanzar hasta el final.

Él no quiere oír todas las cosas que usted intenta hacer por Él. Está más interesado en lo que le permita hacer por usted.

Cuando tenía doce años elevé una oración similar a la que incluyo aquí. Si no está seguro de ser salvo, ¿por qué no asegurarse ahora mismo? Si reconoce su necesidad de perdón y cree que la muerte de Cristo hizo posible el perdón para usted, está listo. Ore:

Dios,
Sé que soy pecador.
Sé que mi pecado me ha conseguido solamente la separación
  eterna de ti.
Creo que Cristo murió por mí en el Calvario.
Acepto su muerte como el pago total por mi pecado.
Le acepto como mi Salvador.
Gracias por salvarme.
Te lo pido en el nombre de Jesús.
Amén.

¿Sabe usted?

1. *¿Qué implica el término griego que se traduce como gracia?*
2. *De acuerdo con el apóstol Pablo, ¿cuál es el propósito de nuestra salvación?*
3. *¿Qué cierra la brecha entre nuestra necesidad y la provisión de Dios?*
4. *¿Requiere Dios que una persona tenga una actitud constante de fe para ser salva? Explíquelo.*
5. *¿Cómo contestaría a la pregunta del autor: «¿Ha habido algún momento en su vida cuando aceptó el regalo gratuito divino de salvación?»*

9

«El que cree...»

Como se anotó en el capítulo previo, algunas personas arguyen que el creyente debe mantener su *fe* para guardar su *salvación*. El respaldo escriturario principal para este punto de vista viene de la forma como el apóstol Juan usa el tiempo presente en conexión con el término *creer*; por ejemplo:

> Y como Moisés levantó la serpiente en el desierto, así es necesario que el Hijo del Hombre sea levantado, para que todo aquel que en Él *cree*, no se pierda, mas tenga vida eterna. Porque de tal manera amó Dios al mundo, que ha dado a su Hijo unigénito, para que todo aquel que en Él *cree*, no se pierda, mas tenga vida eterna.
>
> *Juan 3.14-16, énfasis añadido;*
> *véase también 3.18; 5.24; 6.29, 40.*

Quienes suscriben este argumento entienden el tiempo presente como denotando acción continua y sin interrupción. En otras palabras, interpretan Juan 3.16 como diciendo que «todo aquel que continúa creyendo en Él no perezca, sino que tenga vida eterna». La implicación es que «todo aquel que no persiste en creer no tendrá la vida eterna» o «perderá la vida eterna».

Otro pasaje que algunas veces se cita en respaldo a esta opinión se halla en el libro de Santiago:

Pero pida con fe, no dudando nada; porque el que duda es semejante a la onda del mar, que es arrastrada por el viento y echada de una parte a otra. No piense, pues, quien tal haga, que recibirá cosa alguna del Señor. El hombre de doble ánimo es inconstante en todos sus caminos.

Santiago 1.6-8

Santiago dice que el que duda no recibirá nada de Dios. ¿Acaso esto no incluye también la salvación?

¿Cuán presente es el presente?

Hay varios problemas con este argumento. El primero tiene que ver con su comprensión del tiempo presente el cual restringe su significado.

Si alguien me preguntara en algún momento de esta semana: «Charles, ¿qué está haciendo en sus momentos libres estos días?» Tal vez le respondería: «Pues bien, estoy escribiendo un libro y trabajando en mi cuarto obscuro».

En mi respuesta usé la forma progresiva de dos verbos en tiempo presente, *escribiendo* y *trabajando*. Pero ninguno podría decir, a partir de mi respuesta, que en mis ratos libres estoy escribiendo y trabajando en mi cuarto obscuro al mismo tiempo. Tampoco nadie entendería que estoy diciendo: «No como, ni duermo, ni hablo con mi esposa, ni contesto el teléfono en mis momentos libres; continuamente estoy escribiendo y trabajando en mi cuarto obscuro».

El uso normal del tiempo presente no denota una acción continua ni sin interrupción. Ciertamente que puede denotarlo, pero no necesariamente. Si me preguntara dónde vivo, le diría: «Vivo en Atlanta». En ese caso el tiempo presente *vivo* implicaría una acción continua. Pero si usted me ve en alguna otra parte que no sea Atlanta, no me acusaría de mentir. ¿Por qué? Porque mi uso del presente no significa que continuamente vivo cada minuto de mi vida en Atlanta. Y usted tampoco lo concebiría de esa manera. ¿Por qué? Porque esa no es la manera en que se usa el tiempo presente del verbo en la vida real.

«Cualquiera que bebiere...»

Usted y yo no somos los únicos que usamos el tiempo presente de los verbos en una variedad de maneras. Jesús también lo hizo. En su encuentro con la mujer en el pozo, Él da una declaración interesante usando el tiempo presente. En su esfuerzo para mostrarle a la mujer la superioridad del agua viva sobre la que se hallaba en el pozo de Jacob, dice:

«[...] Cualquiera que *bebiere* de esta agua, volverá a tener sed.

Juan 4.13, énfasis mío

El término *bebiere* está en tiempo presente, y nos confronta con una curiosa situación. Si el tiempo presente siempre comunica una acción continua e ininterrumpida, Jesús está diciendo que *los que continuamente están bebiendo del pozo de Jacob ¡volverán a tener sed!* Eso no tiene ningún sentido. Primero que todo, nadie está bebiendo continuamente para tener sed. Segundo, sería físicamente imposible que alguien bebiera continuamente del pozo de Jacob, o de cualquier otro pozo, para el caso.

Lo que Jesús quiere decir es claro. Se refiere a la práctica normal de beber hasta saciar la sed, y luego, después de un tiempo, retornar para beber de nuevo. Su punto es que el agua del pozo de Jacob saciaría la sed temporalmente.

Como puede ver, sería absurdo, hasta contradictorio, entender el tiempo presente como significando una acción continua y sin interrupción. Esa no es una explicación normal del tiempo presente del verbo. En verdad puede significar eso, pero en la mayoría de los casos no.

Por consiguiente, interpretar que el uso por parte de Juan del tiempo presente significa creer continua e ininterrumpidamente es poner en el tiempo presente más de lo que él quiso decir. Cuando un hombre o una mujer creen les es dada vida eterna, allí mismo y en ese instante. En ese

Piénselo

Si la fe mantiene la salvación, ¿debo preguntarme qué hacer para mantener mi fe? Porque si descuidamos cultivarla corremos el riesgo de debilitarla o perderla al igual que la salvación. He descubierto que mi fe se mantiene y se fortalece por actividades tales como la oración, el estudio bíblico, el compañerismo cristiano, la asistencia a la iglesia y la evangelización. Si estas y otras actividades similares son necesarias para mantener mi fe —y esto es necesario para la salvación—, ¿cómo evito la conclusión de que soy salvo por mis buenas obras?

momento, en el tiempo, se completa la transacción. Como se mencionó en el capítulo anterior, si uno tiene que continuar creyendo para poder retener la posesión del regalo, no es un regalo.

«Creer en el Señor Jesús...»

Hay otro problema con el argumento del tiempo presente. No toda referencia a la fe salvadora está en este tiempo. Cuando la samaritana trajo a la gente de la ciudad para que oyera a Jesús, el texto dice:

> Y muchos de los samaritanos de aquella ciudad *creyeron en Él [...] Y creyeron muchos más por la palabra de Él.*
>
> *Juan 4.39-41, énfasis mío*

Aquí creer se usa en el tiempo aoristo. A diferencia del tiempo presente, el tiempo aoristo es más indefinido. Enfoca, no tanto el tiempo de un acontecimiento, ni su *continuación*, sino el *hecho* del mismo.

Cuando el carcelero de Filipos le preguntó a Pablo y a Silas lo que debía hacer para ser salvo, no le dijeron que empezara a creer y que mantuviera una actitud de creer. Ellos dijeron:

> Cree en el Señor Jesucristo, y serás salvo[...]
>
> *Hechos 16.31*

De nuevo *creer* está en el tiempo aoristo. El enfoque aquí está en el *acto* de creer, no en el mantenimiento de su fe, ni siquiera en su intención de mantener su fe. Si una persona debe continuar creyendo para seguir siendo salvo, ¿por qué Pablo y Silas no le explicaron esto al carcelero? Todavía mejor, ¿por qué no usaron el tiempo presente para comunicar la necesidad de creer constantemente?

La respuesta más obvia es que Pablo y Silas no creían que la salvación era el resultado de una fe continua. La fe, en su pensamiento, era simplemente la puerta por la cual debían entrar los que desearan la salvación. El Dr. Ryrie lo resume bien:

> El Nuevo Testamento siempre dice que la salvación es por medio de la fe, no debido a la fe (Efesios 2.8). La fe es el canal por medio del cual recibimos el obsequio de Dios del perdón y la vida eterna.[1]

El creyente llevado por el viento

Si todo esto es verdad, ¿de qué está hablando Santiago cuando dice que el que duda no recibirá nada de Dios? Vuelva a leer los versículos en cuestión:

> Pero pida con fe, no dudando nada; porque el que duda es semejante a la onda del mar, que es arrastrada por el viento y echada de una parte a otra. No piense, pues, quien tal haga, que recibirá cosa alguna del Señor. El hombre de doble ánimo es inconstante en todos sus caminos.
>
> *Santiago 1.6-8*

Un rápido vistazo al contexto de estos versículos aclara completamente la confusión. Santiago se dirige a cristianos. Y no a cualquier cristiano. Estos son judíos convertidos que atravesaban pruebas debido a su fe en Cristo (véase Santiago 1.1-4).

Estaban respondiendo a estas pruebas de la manera en que nosotros lo hacemos. Se preguntaban por qué Dios estaba permitiendo que esas cosas tuvieran lugar. Santiago escribe para animarles a soportar, a que persistan y a perseverar (véase Santiago 1.4). Sabiendo cuán confusos estaban, afirma:

> Y si alguno de vosotros tiene falta de sabiduría, pídala a Dios, el cual da a todos abundantemente y sin reproche, y le será dada.
>
> *Santiago 1.5*

---

[1] Charles C. Ryrie, *So Great Salvation* [Una salvación tan grande], Victor Books, Wheaton, IL, 1989, p. 122.

Su punto es: «Si ustedes están preguntándose qué es lo que está ocurriendo, pregúntenle a Dios. Él no puede esperar para responderles a su oración».

Entonces les advierte en los siguientes tres versículos (vv. 6-8) que no permitan que su fe oscile en medio de sus pruebas. Estos versículos han causado alguna confusión.

Pero note a quien se refieren estos versículos: «No piense, pues *quien tal haga,* que recibirá cosa alguna del Señor» (énfasis mío). ¿Quién es *quien tal haga?* Es el cristiano que, atravesando pruebas, le pide al Señor sabiduría para saber cómo bregar con los tiempos difíciles. Pero al pedir sabiduría *ese hombre* empieza a dudar. ¿Dudar de qué? Dudar de todas las cosas de las que todos somos tentados a dudar cuando la vida empieza a desmoronarse alrededor nuestro. ¿Hay un Dios? ¿Se ha olvidado Él de mí? ¿Sabe lo que estoy pasando? ¿Qué he hecho para merecer esto?

Todos somos tentados a dudar cuando enfrentamos pruebas. Santiago está diciendo que cuando pedimos sabiduría en medio de las pruebas, debemos pedir con confianza. Debemos acercarnos a Dios dando por sentado que Él está todavía en control, y sabe exactamente lo que está pasando. Si empezamos a dudar, Dios no nos concederá la sabiduría que le estamos pidiendo. ¿Por qué? Porque o bien nosotros no la reconoceríamos, o no la aplicaríamos. Tal es el caso de los hombres de doble ánimo (véase Santiago 1.8).

Este pasaje no tiene nada que ver con la salvación. En realidad, se da por sentada la salvación del lector. Aun cuando estos versículos tienen gran aplicación al creyente, no dicen nada en cuanto a la naturaleza de la fe salvadora.

En el vaivén

Todos nosotros tenemos nuestros períodos de duda. Esto es de esperarse debido a que Satanás y sus secuaces están constantemente obrando, tratando de destruir nuestra fe. Así como él tiene una victoria ocasional en otras áreas de nuestras vidas, es probable que la tenga también en esta área.[2] Zane Hodges se refiere a este punto:

> El Nuevo Testamento es totalmente claro en que mantener nuestra fe en Dios involucra una lucha cuyo resultado no lo garantiza el simple hecho de que somos salvos. En lugar de eso, pelear la buena batalla de la fe es de lo que realmente se trata en el conflicto espiritual. Pensar de otra manera es invitar a la derrota al campo de batalla espiritual.[3]

Estamos en guerra. Es una guerra que al fin de cuentas ganaremos, pero en la que habrá muchas víctimas. Qué reconfortante es saber que aunque el enemigo puede robarnos temporalmente nuestra victoria, no puede tocar nuestra salvación. Sin haber hecho nada para ganarla, ¡nada podemos hacer para perderla!

¿Sabe usted?

1. *¿Puede dar algunos ejemplos que respaldan el argumento del autor de que sería absurdo, incluso contradictorio, entender que el uso normal del tiempo presente significa una acción continua y sin interrupción?*
2. *¿Qué es el tiempo aoristo? ¿Cómo distinguiría usted el tiempo aoristo del tiempo presente? Dé un par de ejemplos del tiempo aoristo usado en las Escrituras.*
3. *¿Qué quiso decir Santiago cuando dijo que el que duda no recibirá nada de Dios?*
4. *Tiene todo el mundo períodos de duda? ¿Por qué sí o por qué no?*

---

[2] En su libro *Absolutely Free* [Absolutamente libre], Zondervan, Grand Rapids, MI, 1989, Zane Hodges dedica un capítulo entero al concepto del naufragio de la fe. Arguye convincentemente que Satanás puede hacer naufragar por completo la fe del creyente, pero que esto de ninguna manera afecta su seguridad. Véase capítulo 9, p. 103.

[3] Hodges, *Absolutely Free*, p. 104.

10

Fiel a los infieles

Hasta aquí nuestro enfoque a la cuestión de si la fe del creyente debe o no ser permanente ha sido más bien negativo. En su mayor parte hemos adoptado una posición más bien defensiva, presentando objeciones a los argumentos de quienes sostienen la opinión de que la fe debe mantenerse para asegurar la posesión de la vida eterna.

Habiendo tratado con los principales argumentos que respaldan la necesidad de una fe permanente, tenemos todavía una pregunta más que considerar: *¿Enseñan en realidad las Escrituras que, sin importar la consistencia de nuestra fe, nuestra salvación es segura?* Sí, lo enseñan, tanto por medio de proposiciones como por ilustraciones.

«Si fuéremos infieles...»

En la segunda carta de Pablo a Timoteo se indica el argumento más claro sobre este tema:

> [...] Si somos muertos con Él, también viviremos con Él;
> Si sufrimos, también reinaremos con Él;
> Si le negáremos, Él también nos negará.
> Si fuéremos *infieles*, Él permanece *fiel*;
> Él no puede negarse a sí mismo.
>
> *1 Timoteo 2.11-13, énfasis mío*

Es muy probable que esta estrofa fuera parte de un himno cristiano primitivo. Pablo la incluyó en su carta a Timoteo más o menos de la misma manera en que los autores modernos incluyen versos de himnos o porciones de poemas en sus obras actuales. Pablo creía que las frases eran teológicamente consistentes y serían para Timoteo una ilustración memorable de cuatro grandes verdades.

La primera de ellas es quizás una referencia a Romanos 6, y a la enseñanza de Pablo acerca de nuestra crucifixión con Cristo.

La segunda tiene que ver con la recompensa especial para los que permanecen fieles a través de la persecución.

La tercera hace eco de las palabras de Jesús en Mateo (véase Mateo 10.33). Algunos la han tomado como referencia a una posible apostasía.[1]

El contexto, sin embargo, sugiere que es una repetición del verso previo, pero en forma negativa. En otras palabras, así como el fiel recibirá el reconocimiento y aprobación del Padre, el infiel perderá su reconocimiento y aprobación especial. De este modo el lector está listo para la cuarta y última verdad.

«... Él permanece fiel»

El creyente infiel no recibirá un lugar especial en el reino de Cristo, como aquellos que son tan afortunados que se les permitirá reinar con Él, pero no perderá su salvación.

El término que se traduce como «infiel» simplemente significa «incrédulo».

Es muy interesante observar que el verbo está en tiempo presente. Y procede de la misma raíz que se usa en Juan, en donde se habla de creer con respecto a la obtención de la vida eterna.

---

[1] Para una explicación de este punto de vista, véase *The Bible Knowledge Commentary* [Comentario de conocimiento bíblico], Victor Books, Wheaton, IL, 1983, pp. 43, 754.

Lo que el apóstol quiere decir es evidente. Incluso aunque el creyente se proponga convertirse en incrédulo, su salvación no está en peligro. Cristo permanecerá fiel.

Quienquiera que escribió este himno debe haber sabido que este concepto es difícil de aceptar: ¿el Santo Hijo de Dios permitiendo al hombre retener su salvación una vez que ha perdido su fe? Esto es algo que no es fácil tragar. Para su crédito, el escritor de este himno incluyó la razón por la cual Cristo no arrebatará su regalo de la vida eterna: «Él no puede negarse a sí mismo». El escritor alude a la unión de la cual cada creyente participa en el cuerpo de Cristo. Una vez que la persona pone su confianza en la muerte de Cristo como pago por el pecado, inmediatamente llega a ser parte de ese cuerpo:

> Porque por un solo Espíritu fuimos todos bautizados en un cuerpo, sean judíos o griegos, sean esclavos o libres[...]
>
> *1 Corintios 12.13*

Cristo no le negará al creyente incrédulo su salvación, debido a que hacerlo sería negarse a sí mismo. ¿Por qué? Fiel o no, toda persona que ha tenido en algún momento una fe salvadora, es parte permanente del cuerpo de Cristo. Cualquier acción que Cristo tome en contra de un creyente, la tomaría en contra de sí mismo, porque cada creyente es una parte de su cuerpo.

Este pasaje destaca cuatro doctrinas básicas.

Primero, todos los creyentes tienen el potencial de experimentar vida en abundancia.

Segundo, los creyentes fieles serán recompensados por su fidelidad (véase 2 Timoteo 2.12).

Tercero, a los creyentes infieles se les negará el reconocimiento que hubiera sido suyo si hubiesen permanecido fieles. Y finalmente, los creyentes que pierden o abandonan su fe retendrán su salvación, porque Dios permanece fiel. Como alguien lo explicó:

Piénselo

*Si nuestra salvación depende
de la consistencia de nuestra fe,
¿por cuáles normas debemos juzgar
nuestra consistencia?*

*¿Podemos tener alguna duda?
¿Por cuánto tiempo podemos dudar?
¿Hasta qué grado podemos dudar?
¿Hay una cuota divina que no nos
atreveríamos a exceder?*

Los verdaderos hijos de Dios no pueden llegar a ser otra cosa que hijos, incluso siendo desobedientes y débiles. La fidelidad de Cristo a los cristianos no es contingente a la fidelidad de ellos a Él.[2]

Las ilustraciones perfectas

La Biblia no sólo *afirma* que nuestra salvación es segura a pesar de nuestra falta de fe, sino que *ilustra* igualmente esta verdad. La debilidad de estas ilustraciones, sin embargo, es que argumentan desde el silencio. En estas instancias, la Biblia nunca dice realmente: «Aun cuando él perdió su fe, no perdió su salvación». Pero tampoco el texto asevera que una persona o grupo en particular abandonó su fe y por eso perdió su salvación. De modo que a los lectores se les deja para que decidan por sí mismos.

La fuerza de este argumento reside en el hecho de que hay varios individuos en las Escrituras que dejaron de creer por un tiempo y, sin embargo, nunca se cuestiona su salvación. Incluso durante el período de tiempo en el que su fe vaciló, su seguridad eterna nunca se discutió.

Si la salvación es contingente a la continuidad de la fe, estas narraciones hubieran sido el perfecto lugar para señalar este detalle teológico tan significativo. No obstante, según lo veremos, estas porciones de las Escrituras se usan para confirmar el punto de vista precisamente opuesto. En cada caso hallamos que Dios permanece fiel, aun a los infieles.

La débil fe del hombre

El apóstol Pedro nos provee una excelente ilustración de los versículos de 2 Timoteo que examinamos. Sabemos que Pedro era un creyente. Cuando Cristo le preguntó quién creía que era Él, Pedro contestó:

---

[2] *The Bible Knowledge Commentary* [Comentario de conocimiento bíblico], p. 754.

[...] Tú eres el Cristo, el Hijo del Dios viviente.

Mateo 16.16

Entonces le respondió Jesús:

Bienaventurado eres, Simón, hijo de Jonás, porque no te lo reveló carne ni sangre, sino mi Padre que está en los cielos. Y yo también te digo, que tú eres Pedro, y sobre esta roca edificaré mi iglesia[...]

Mateo 16.17-18

Pedro tenía la respuesta correcta a la pregunta de Jesús, y Jesús le respondió prometiéndole incluirlo en el fundamento de la iglesia.

En otra ocasión Jesús les preguntó a los doce si lo abandonarían como muchos de sus otros seguidores habían empezado a hacerlo (véase Juan 6.67). De nuevo la respuesta de Pedro revela su fe en el Salvador:

[...] Señor, ¿a quién iremos? Tú tienes palabras de vida eterna. Y nosotros hemos creído y conocemos que tú eres el Cristo, el Hijo del Dios viviente.

Juan 6.68-69

Pedro era un creyente desde luego, pero su fe no era inquebrantable. Y Jesús lo sabía. En la noche de su arresto este le dio la noticia a Pedro:

[...] Simón, Simón, he aquí Satanás os ha pedido para zarandearos como a trigo.

Lucas 22.31

Luego añadió:

[...] pero yo he rogado por ti, que tu *fe* no falte; y tú, una vez vuelto, confirma a tus hermanos.

Lucas 22.32, énfasis mío

El ataque de Satanás se centraría en la fe de Pedro. Jesús lo sabía con anticipación, como también sabía la derrota temporal de Pedro.[3] Pero en ninguna parte se cuestiona su salvación.

Piénselo. Jesús reconoció que Pedro se iba a alejar de Él; que le negaría públicamente en el momento más crucial de su vida terrenal; y que la fe del discípulo recibiría un severo golpe. Sin embargo, sus palabras finales a Pedro son palabras de aliento. El discípulo estaba a punto de entrar en un tiempo en que su fe sería puesta en peligro, pero no su salvación. Incluso aun cuando Pedro iba a ser infiel, ¡Cristo permaneció fiel!

El profeta que dudó

En el libro *Absolutely Free* [Absolutamente libre], Zane Hodges destaca otro ejemplo de un creyente que perdió su fe en Cristo: Juan el Bautista.[4] No cabe duda alguna de la fe de Juan en el Salvador, por cuanto dijo:

> [...] He aquí el Cordero de Dios, que quita el pecado del mundo. Este es aquel de quien yo dije: Después de mí viene un varón, el cual es antes de mí; porque era primero que yo[...] Vi al Espíritu que descendía del cielo como paloma, y permaneció sobre Él... Y yo le vi, y he dado testimonio de que éste es el Hijo de Dios.
>
> *Juan 1.29-34*

Esta declaración es muy importante debido a que Juan nació físicamente antes que Jesús. ¡Juan reconoció a Cristo como

---

[3] Jesús oró que la fe de Pedro no *falte*, lo cual no elimina la posibilidad de que la fe de Pedro fluctúe temporalmente. Los hechos que siguieron luego esa misma noche indican que la fe de Pedro en efecto sufrió. El término que se traduce «falte» en el versículo 32 se usa en Lucas 16.9 también. Allí describe lo que ocurre finalmente a las cosas temporales de esta tierra, ellas *faltan*. En ambos casos *faltar* implica la idea de finalidad. Jesús oró que la fe de Pedro no le falte para siempre. Indica que su oración será contestada cuando dice: «y tú, una vez vuelto, confirma a tus hermanos».

[4] Zane Hodges, *Absolutely Free* [Absolutamente Libre], p. 105.

el Salvador y como Dios! ¿Qué otra cosa podría haber querido decir cuando señaló: «Era primero que yo»?

Juan el Bautista no sólo creyó en Cristo, sino que se entregó totalmente a la misión de preparar al pueblo de Israel para su llegada (véase Juan 1.19-26). Estaba tan concentrado en su labor que animó a sus propios discípulos a que siguieran más bien a Jesús (véase Juan 1.35-38). Y, sin embargo, este hombre, que según el propio reconocimiento de Cristo era el más grande jamás nacido de mujer (véase Lucas 7.28), empezó a pensarlo de nuevo; empezó a dudar. De súbito no estaba seguro de que Cristo fuera quien él pensaba:

> Y se extendió la fama de Él por toda Judea, y por toda la región de alrededor. Los discípulos de Juan le dieron las nuevas de todas estas cosas. Y llamó Juan a dos de sus discípulos, y los envió a Jesús, para preguntarle: ¿Eres tú el que había de venir, o esperaremos a otro? Cuando, pues, los hombres vinieron a Él, dijeron: Juan el Bautista nos ha enviado a ti, para preguntarte: ¿Eres tú el que había de venir, o esperaremos a otro?
>
> *Lucas 7.17-20*

Acerca de estos sorprendentes versículos, Hodges escribe:

> Es difícil creer lo que vemos cuando nos encontramos con este pasaje por primera vez. Aquí está el gran profeta y precursor del Cristo de Dios cuestionando a la misma persona de quien una vez había dado audaz testimonio[...] Es claro, entonces, que este gran siervo de Dios está haciendo una pregunta que quizás había sido resuelta mucho tiempo atrás. Su interrogante es, manifiestamente, una expresión de duda acerca de la misma verdad por la cual los hombres y mujeres son salvos.[5]

Juan no poseía la fe salvadora en ese momento de su vida. Ya no estaba seguro de que Cristo era el Salvador del mundo. Reconsideraba si Cristo era el Cordero de Dios. Pero

---

[5] Hodges, *Absolutely Free* [Absolutamente libre], p. 105.

aun cuando su fe se hallaba en su punto más bajo, Cristo todavía pudo decir de él:

> Este [Juan] es de quien está escrito: HE AQUÍ, ENVÍO MI MENSA-JERO DELANTE DE TU FAZ, EL CUAL PREPARARÁ TU CAMINO DELANTE DE TI. Os digo que entre los nacidos de mujeres, no hay mayor profeta que Juan el Bautista[...]
>
> *Lucas 7.27-28*

Aun cuando Jesús dijo estas cosas de Juan en el preciso momento en que la fe de éste se hallaba en su punto más bajo, el Señor jamás sugirió algún indicio de la idea de que la salvación de Juan estuviera en peligro. En lugar de eso, lo elogió; lo honró con el título de profeta, y no cualquier profeta, sino uno cuya venida fue anunciada en el Antiguo Testamento.

Una fe firme

Lo hemos oído mil veces:

> [...] vuestro adversario el diablo, como león rugiente, anda alrededor buscando a quien devorar.
>
> *1 Pedro 5.8*

Pero, ¿se ha preguntado usted alguna vez qué es lo que el enemigo está tratando de devorar? El siguiente versículo nos lo dice:

> [...] Al cual resistid *firmes en la fe[...]*
>
> *1 Pedro 5.9, énfasis mío*

Satanás quiere destruir su fe. Una vez que ésta se debilita, o se desvanece, usted queda impotente ante él. Su confianza desaparece, y, prácticamente, lo inutiliza para cualquier propósito en cuanto al Reino de Dios.

Su fe está siempre bajo ataque. Ganará algunas batallas y perderá otras. A veces sentirá como si pudiera mover montañas. En otras ocasiones se encontrará clamando a

Dios por una señal. Pero, independientemente de la forma en que se halle su fe, su salvación siempre está intacta. Por cuanto, en tanto que su fe fluctúa a menudo, de acuerdo a sus cambiantes circunstancias, su salvación está anclada en la naturaleza y gracia inmutables de Dios.

¿Sabe usted?

1. *¿Enseñan en realidad las Escrituras que, cualquiera sea la consistencia de nuestra fe, nuestra salvación es segura? Explíquelo.*
2. *¿Se refería el apóstol Pablo a la apostasía cuando escribió: «Si le negáremos, Él también nos negará»? Explíquelo.*
3. *¿Por qué es que cada acción que Cristo toma en contra de un creyente, la toma en contra de sí mismo?*
4. *¿Cuándo Juan el Bautista dudó en cuanto a Jesús? ¿Cómo respondió Cristo?*
5. *¿Cuál es el estado de su salvación si su fe se destruye?*

11

El caso del creyente desobediente

«¿Quiere usted decirme que las personas pueden confiar en Cristo como su Salvador, luego irse, vivir como les plazca, y todavía ir al cielo?»

En casi toda discusión que he tenido concerniente a la seguridad eterna, se ha hecho esta pregunta en una forma u otra. Para muchos, este es el asunto real. La pura idea de que una persona pueda confiar en Cristo para conseguir «una póliza de seguro», sin ninguna intención de cambiar su conducta, hace que sientan repugnancia por la doctrina de la seguridad eterna.

Algunos consideran que tal manera de pensar es un ataque a la santidad de Dios. «Un Dios santo exige vida santa de sus hijos», arguyen. «El hombre o la mujer cuyo estilo de vida no muestra en ninguna manera un deseo de ser como Cristo, no puede tener el Espíritu Santo dentro, no importa cómo haya orado o confesado en el pasado».

Quienes sostienen este punto de vista perciben a la doctrina de la seguridad eterna como si fuera una licencia para pecar. Por esta razón consideran que la seguridad eterna es una doctrina peligrosa. Y para ser francos, la conducta de muchos «cristianos» les provee amplia evidencia para hacer tal reclamo.

Escaparse

Siguiendo esta misma línea, algunos arguyen que la doctrina de la seguridad eterna permite que algunas personas «se escapen» con su pecado. Se benefician tanto del cielo como del placer del pecado. Se ve a la seguridad eterna como una escapatoria en la economía de Dios.

Esta línea de razonamiento se usa no sólo para arrojar dudas sobre la salvación de otros. No es raro que un individuo la use para sí mismo. «Pastor», dice alguien, «creo que ya no soy salvo». Cuando se le pregunta por qué, la persona casi siempre hace alguna confesión de alguna clase. Detrás de la aflicción está la creencia de que Dios soportará sólo cierto tanto de una persona. Después de eso, ¡la persona está fuera!

Tanto los que rechazan la seguridad eterna sobre la base de a dónde pudiera conducir a otros, como aquellos cuyo pecado personal les ha hecho dudar de su validez, sufren de los mismos dos errores teológicos. Ambos grupos tienen un punto de vista distorsionado de la santidad de Dios. Segundo, han pasado por alto lo que la Biblia enseña en cuanto a las recompensas y al cielo.

¿Cuán santo es el santo?

A lo largo de este libro hemos demostrado, por medio de las Escrituras y de la lógica, por qué nada en la naturaleza de Dios le obliga a retirar el don de la vida eterna cuando un cristiano peca. A los que sostenemos la doctrina de la seguridad eterna con frecuencia se nos acusa de tener un concepto deficiente de la santidad de Dios. En realidad, no obstante, lo opuesto es la verdad.

La doctrina de la seguridad eterna está respaldada por la creencia de que Dios es tan infinitamente santo y bueno que no hay nada —absolutamente nada— que podamos *hacer* para *obtener o mantener* nuestra salvación. La salvación, en cada faceta, es por gracia. Es un don, un regalo, desde el principio hasta el fin. La santidad de Dios está tan fuera de nuestro alcance que incluso la mejor de nuestras obras no tiene ningún peso en cuestiones de salvación. El profeta proclamó:

> Si bien todos nosotros somos como suciedad, y todas nuestras justicias como trapo de inmundicia[...]
>
> *Isaías 64.6*

Las personas que quieren descartar la seguridad eterna basándose en el argumento de que un cristiano que peca es tan ofensivo a la santidad de Dios que no puede ser tolerado, elevan las obras del hombre a la vez que denigran la santidad de Dios. ¿Cómo? Por introducir en el modelo de la salvación la necesidad de buenas obras para mantenerla.

La naturaleza de Dios

Cuando la Biblia habla de que Dios es santo, se refiere a su naturaleza. Dios, por naturaleza, es moralmente perfecto. Por consiguiente, es por esencia apartado de aquellas cosas que son menos que perfectas. *Santidad*, entonces, es una palabra de comparación. Cuando hablamos de algo como siendo perfecto o separado, siempre queremos decir en relación o comparación con alguna otra cosa.

Una vez que se introducen las buenas obras, en cualquier manera, como parte del proceso de salvación, damos por sentado una similitud entre la bondad moral del hombre y la de Dios. Siendo así, Dios llega a estar menos separado y menos santo que en el modelo de la salvación en el cual las obras del hombre no tienen nada que ver con la salvación. Introducir la santidad del hombre es restar énfasis a la santidad de Dios. Hablar de los esfuerzos morales del hombre en conjunción con la perfección moral de Dios es menoscabar el contraste, y por tanto rebajar la santidad de Dios.

Piénselo

*Si la santidad de Dios lo obliga
a quitarles a ciertos creyentes
el regalo de la vida eterna debido
a sus pecados, una de estas dos
cosas es cierta: O bien Dios
abandona sus normas de santidad
a la hora de sus pecadillos, o las
buenas obras del hombre pueden
satisfacer los requisitos de la
santidad de Dios, al menos por
poco tiempo. En ese caso, Cristo
murió innecesariamente.*

La doctrina de la seguridad eterna no rebaja ni reduce la santidad de Dios. Por el contrario, la seguridad eterna permite que la santidad de Dios se yerga en su forma más pura, libre de los débiles intentos del hombre para merecer la aceptación divina.

Fuera de la zona de peligro

«Pero», tal vez pregunte alguien, «si Él es tan moralmente puro y tan separado por naturaleza de las imperfecciones del hombre, ¿cómo puede tolerar el pecado en la vida de sus seguidores?» La respuesta se halla en la verdad que hemos enfatizado: Dios resolvió el problema del pecado, de una vez por todas, al castigar a su Hijo en nuestro lugar.

Es verdad que el pecado resulta en separación, que la santidad de Dios le obliga a desasociarse del pecador. Pero es igualmente verdad el hecho de que Dios puso el pecado de la humanidad sobre su Hijo, y le dio las espaldas a *Él*. Por consiguiente, nosotros, quienes hemos aceptado el regalo gratuito divino, ya no corremos el riesgo de ser arrojados fuera de la familia. Cristo lo fue en nuestro lugar. En Él se han cumplido totalmente los requisitos de la santidad de Dios.

¿Qué sigue?

Varias preguntas persisten. Si nuestra salvación es segura, ¿qué razón hay para permanecer fieles? ¿Qué les decimos a las personas que sinceramente creen que Jesús murió por ellas pero no ven ninguna utilidad para la vida santa? ¿Pueden los cristianos, en verdad, escaparse con su pecado? En los siguientes tres capítulos examinaremos en detalle estas preguntas.

¿Sabe usted?

1. ¿Por qué algunas personas consideran que la seguridad eterna es una «doctrina peligrosa»?
2. ¿Qué creencia, en cuanto a Dios, respalda la doctrina de la seguridad eterna?
3. ¿Por qué el autor dice que las personas que quieren descartar el concepto de la seguridad eterna «elevan las obras del hombre», y «degradan la santidad de Dios»?
4. ¿Qué estamos haciendo con la santidad de Dios cuando hablamos de los esfuerzos morales humanos en conjunción con la perfección moral de Dios?

12

¿Qué tenemos que perder?

Cualquier persona que piense que los pecados del creyente no tienen ninguna consecuencia eterna ha pasado por alto un aspecto principal de la teología bíblica. Sin embargo, a menudo he encontrado creyentes que piensan exactamente eso. En algún momento, en el camino, les fue enseñado, o sólo lo dieron por hecho, que el cielo será lo mismo para todo el mundo. En tanto y en cuanto se esté *dentro*, eso es lo único que importa. La seguridad eterna llega a ser nada más que una red de seguridad, una precaución para emergencias. Esta actitud conduce a los abusos de la seguridad eterna que han alejado a muchos totalmente de la idea. Y es comprensible.

Si el cielo va a ser lo mismo para todo el mundo, puedo comprender su punto de vista: podemos tener lo mejor de ambos mundos. Concedido el cielo, el sacrificio de Cristo debe motivarnos a seguirle en obediencia. Pero si no hay consecuencias de largo alcance por no seguirle, ¿por qué no alejarse de tiempo en tiempo para disfrutar de los placeres del pecado? ¿Qué tenemos que perder?

Los cristianos *auténticos* no pecan

Muchas personas que sostienen la seguridad eterna responden a este dilema dudando de la legitimidad de la salvación de la persona que siquiera consideraría tal respuesta a la gracia de Dios.[1] En otras palabras, un cristiano *auténtico* obedecerá a Cristo. Cualquiera que usa la gracia de Dios como excusa para el pecado no es realmente cristiano en ninguna manera.

He oído incontables sermones en los cuales algunos pastores o evangelistas, bien intencionados, les han asegurado a sus audiencias que si participan en ciertos pecados su salvación no es genuina. Por lo general, si ha oído algunos de esos sermones sabrá lo que ocurre. Al final del culto el altar se llena, no con inconversos, sino con cristianos a quienes se les ha despojado de su seguridad.

Este punto de vista es simplista, no obstante, y soslaya la cuestión real. Si aprovecharse negativamente de la gracia de Dios es prueba de que una persona no es en verdad creyente, ¡estaríamos en problemas! Por ejemplo, cada vez que sobrepaso el límite de velocidad, estaría abusando de la gracia de Dios (véase Romanos 13.1).

Más aún, el Nuevo Testamento está lleno de exhortaciones en contra del pecado. En cada caso éstas se dirigen a los creyentes. Si los cristianos *auténticos* no abusan, o no pueden abusar, de la gracia de Dios por participar en pecado, ¿por qué advertirles en contra de eso? Obviamente los escritores del Nuevo Testamento se dieron cuenta de que los cristianos son tan capaces de pecar como la mayoría de los perdidos.

Una cuestión de motivación

De modo que, entonces, ¿hemos hallado una escapatoria teológica? Aparte del aprecio por todo lo que Dios ha hecho,

---

[1] Algunos que sostienen lo que comúnmente se conoce como la posición de *salvación por señorío* caerían dentro de esta categoría.

¿hay alguna razón para ser buenos? ¿Tenemos algo que perder al pecar? ¿Se gana algo por permanecer puro?

La respuesta a estas preguntas se hace evidente cuando la persona comprende las enseñanzas bíblicas sobre el destino final del hombre. En la mayoría de los casos, quienes están genuinamente perturbados por estas preguntas tienen información equivocada con respecto a dos cosas: (1) en dónde pasarán los cristianos la eternidad, y (2) cómo será eso.

Nuestra morada final

La mayoría de los cristianos creen que su destino final es el cielo. Eso no es verdad. El destino final del hombre es el planeta tierra. Cuando Dios creó los cielos y la tierra, intencionalmente colocó al hombre en la tierra. Podía haberlo puesto en el cielo. Pero lo puso aquí con un propósito específico: regir sobre la creación (véase Génesis 1.28-31). La tierra llegó a ser la responsabilidad del hombre. Para hacer su trabajo más fácil, Dios diseñó el cuerpo para el hombre a la medida, para vivir y trabajar sobre el planeta tierra.

Ese fue el plan de Dios en el principio, y en ninguna parte de las Escrituras se nos informa que haya sido alterado. Al contrario, toda la Escritura enseña que avanzamos hacia el tiempo cuando el plan original de Dios se cumplirá.

Nuestro hogar temporal

Cuando el pecado entró en el mundo, la muerte le seguía de cerca (véase Romanos 5.12). Esta no fue parte del plan original de Dios para la humanidad. Pero al final será eliminada por completo (véase 1 Corintios 15.26). Mientras tanto, sin embargo, la muerte es una realidad vigente.

Cuando el creyente muere va inmediatamente a estar con el Señor (véase 2 Corintios 5.6-8). Puesto que sabemos, en

Piénselo

*Si Dios impone una condición
a su fidelidad a nosotros,
¿no tenemos también el derecho
de imponer condición a la nuestra?
¿Puede Dios realmente esperar
más de nosotros que
de sí mismo?*

base a numerosos pasajes, que Cristo está sentado a la diestra de Dios en el cielo, podemos asegurar que los cristianos van al cielo cuando mueren (véase Colosenses 3.1). Pablo confirma esta idea en su primera carta a los cristianos en Tesalónica:

> Porque si creemos que Jesús murió y resucitó, así también traerá Dios con Jesús a los que durmieron en Él. Por lo cual os decimos esto en palabra del Señor: que nosotros que vivimos, que habremos quedado hasta la venida del Señor, no precederemos a los que durmieron. Porque el Señor mismo con voz de mando, con voz de arcángel, y con trompeta de Dios, descenderá del cielo; y los muertos en Cristo resucitarán primero. Luego nosotros los que vivimos, los que hayamos quedado, seremos arrebatados juntamente con ellos en las nubes para recibir al Señor en el aire, y así estaremos siempre con el Señor.

1 Tesalonicenses 4.14-17

Cuando Jesús retorne por los cristianos que todavía estén vivos, dice Pablo que, traerá consigo a los cristianos que murieron antes. Este comentario puede significar sólo una cosa. Cuando los cristianos mueren, van al cielo inmediatamente.

Pero no se quedan en el cielo para siempre. Cuando Cristo retorne, establecerá su reino en esta tierra, un reino que durará por mil años (véase Apocalipsis 20.4). Si, como dice Pablo, «estaremos siempre con el Señor» cuando Él retorne, tiene sentido decir que estaremos incluidos en ese reino. Tenga presente, este es un reino *terrenal* (véase Apocalipsis 20.7-8). De modo que, de nuevo, los creyentes tendrán su morada en la tierra.

Cuando se completen los mil años, y Satanás haya sido derrotado de una vez por todas, Dios volverá a crear la tierra:

> Vi un cielo nuevo y una tierra nueva; porque el primer cielo y la primera tierra pasaron, y el mar ya no existía más. Y yo Juan vi la santa ciudad, la nueva Jerusalén, descender del

cielo, de Dios, dispuesta como una esposa ataviada para su marido. Y oí una gran voz del cielo que decía: He aquí el tabernáculo de Dios con los hombres, y Él morará con ellos; y ellos serán su pueblo, y Dios mismo estará con ellos como su Dios.

Apocalipsis 21.1-3

Dios no sólo que volverá a crear la tierra. ¡Él planea mudarse acá! En lugar de que los hombres mueran y vayan al cielo, Juan nos presenta un cuadro de Dios empacando y viniendo a la tierra. El punto es este: después de que Cristo retorne, el hombre regresará a la tierra *para siempre*. El pecado y la muerte serán destruidos, borrando así cualquier división potencial entre el hombre y su Creador. Después de todo, el plan original de Dios se cumplirá.

Piénselo de nuevo

¿Qué tiene esto que ver con la seguridad eterna? Mucho. Primero que todo, responde a la pregunta de *dónde* estarán los creyentes eternamente seguros. Segundo, pone una zancadilla teológica a la noción de que ganar el cielo es todo lo que importa. Eso no es así, debido a que el cielo es simplemente una parada. El cielo es temporal. Todos regresaremos de una manera u otra.

La eternidad no es una enorme habitación blanca en donde todos deambularemos buscando personajes históricos interesantes con los cuales conversar. No va a ser un prolongado culto religioso. Tampoco será un continuo juego de golf o béisbol, o lo que sea que a usted le guste. No estaremos vestidos de togas blancas ni caminando sobre las nubes. No es muchas de las cosas que nos hemos imaginado, porque los creyentes pasaremos la eternidad en la tierra.

De modo que todavía persiste la pregunta: ¿Cómo será cuando Dios establezca su reino sobre la tierra? ¿Qué *haremos* nosotros? Y, más importante todavía, ¿tendrá algo que ver lo que hagamos entonces con lo que estamos haciendo *ahora*?

¿Sabe usted?

1. ¿Qué es lo que las personas que sostienen la posición de una salvación por señorío creen en cuanto a la situación de los cristianos que pecan?
2. ¿Qué quiere decir el autor cuando afirma que cada vez que sobrepasamos el límite de velocidad estamos abusando de la gracia de Dios?
3. ¿Es el cielo o la tierra el destino final de los cristianos? Explique.
4. ¿A dónde van los cristianos al morir?
5. ¿Qué está mal con la noción de que estar en el cielo es todo lo que importa?

13

Cada segundo cuenta

Una antigua leyenda cuenta que un mercader, «en Bagdad», cierto día envió a un criado al mercado. Antes de que pasara mucho mucho tiempo el criado regresó, pálido y temblando, y con gran agitación le dijo a su amo: «En el mercado, entre la multitud, una mujer, me dio un empujón, y, cuando me volteé, vi que era la Muerte quien me había empujado. Me miró y me hizo un gesto amenazador. Señor, por favor, préstame tu caballo, porque debo apresurarme para evitarla. Me iré a Samarra, allí me esconderé, y la Muerte no me encontrará».

El mercader le prestó el caballo y el sirviente huyó al galope. Más tarde el mercader se fue al mercado y vio a la Muerte entre la multitud. Se acercó a ella, y le preguntó: «¿Por qué asustaste a mi sirviente esta mañana? ¿Por qué le hiciste un gesto amenazador?»

«No fue una amenaza», dijo la Muerte. «Fue sólo una reacción de sorpresa. Me sorprendió verlo aquí, en Bagdad, porque tengo una cita con él, esta noche, en Samarra».[1]

[1] Peter Marshal, «John Doe», en *Disciples: Sermons for the Young in Spirit* [Discípulos: sermones para los jóvenes en espíritu], ed. Catherine Marshall, McGraw-Hill, Nueva York, 1963, pp. 219-20.

Opciones

La muerte es una de las cosas ciertas de la vida. Incluso como cristianos no podemos escaparnos de su toque. Pero aunque no somos libres para elegir el momento de nuestra muerte, se nos ha dado la oportunidad de escoger nuestro destino para cuando llegue el tiempo señalado para nosotros. La Biblia presenta solamente dos opciones: el cielo o el infierno. No hay una tercera alternativa.

Desconocido para muchos cristianos, sin embargo, es el hecho de que cada uno de nosotros tiene la oportunidad de hacer igualmente otra elección. Además de decidir *en dónde* pasaremos la eternidad, escogemos cómo será aquello para nosotros una vez que lleguemos allá.

En el capítulo precedente hemos dicho que hay dos áreas principales de confusión teológica que llevan a la gente a creer que la doctrina de la seguridad eterna permite a los cristianos escaparse con sus pecados. La primera área tiene que ver con *en dónde* pasarán los creyentes la eternidad. Ya cubrimos eso. La segunda área, o el enfoque de este capítulo, es cómo será la eternidad para los creyentes.

A cada uno lo suyo

Contrario a lo que tal vez haya pensado o le hayan enseñado, la eternidad no será lo mismo para todo inconverso.[2] Tampoco igual para todo creyente. En el libro de Apocalipsis, Juan describe una de las más pasmosas escenas que jamás tendrán lugar en la historia humana: el juicio

---

[2] Evidencia adicional para la noción de que el infierno no es igual para todos sus habitantes, procede de las advertencias de Jesús a los habitantes de Corazín, Betsaida y Capernaum en Mateo 11. Concluye su diálogo diciendo: «Por tanto os digo que en el día del juicio, será más tolerable el castigo para la tierra de Sodoma, que para ti» (Mateo 11.24). Es claro que Él tiene en mente a la gente de Sodoma. La implicación es que el infierno será más tolerable para la gente de Sodoma que para los ciudadanos de Capernaum.

final. Conocido comúnmente como el juicio ante el Gran Trono Blanco, este acontecimiento ocurre justo antes de que Dios destruya la tierra que nosotros conocemos, y cree el nuevo cielo y la nueva tierra. Juan escribe:

> Y vi los muertos, grandes y pequeños, de pie ante Dios; y los libros fueron abiertos, y otro libro fue abierto, el cual es el libro de la vida[...]
>
> *Apocalipsis 20.12*

Nótese que en el juicio hay dos juegos de libros: los «libros» y «el libro de la vida». Juan continúa:

> [...] y fueron juzgados los muertos por las cosas que estaban escritas en los libros, según sus obras. Y el mar entregó los muertos que había en él; y la muerte y el Hades entregaron los muertos que había en ellos; y fueron juzgados cada uno según sus obras.
>
> *Apocalipsis 20.12-13*

Los «libros» contenían las obras de los que estaban en fila esperando ser juzgados. Cada persona fue juzgada de acuerdo a lo que había o no había hecho. Juan añade:

> Y el que no se halló inscrito en el libro de la vida fue lanzado al lago de fuego.
>
> *Apocalipsis 20.15*

El apóstol hace una importante distinción en este punto. Lo que estaba escrito en los «libros» no determinaba *a dónde* iba a pasar la persona la eternidad. Esa decisión depende de si el nombre del individuo aparece o no en el «libro de la vida».

Dos diferentes clases de juicio estaban teniendo lugar. Uno determinaba si el individuo sería arrojado o no al lago de fuego. En el pasaje no es claro lo que el otro juicio determinaba . Lo que sí es claro, no obstante, es que el factor determinante era lo que la persona había hecho en vida. Todo el mundo era juzgado de acuerdo a sus obras.

Piénselo

*¿Cómo se sentiría usted si recibiera
la misma recompensa eterna
como cristiano que dejó todo
para servir al Señor
en un campo extranjero, y que
con el correr del tiempo dio su vida
para alcanzar para Cristo
a un grupo de personas?*

El libro de memoria

Eso nos lleva a otro pensamiento muy sobrio: ¡Alguien está observando y llevando notas! Claramente, nuestras obras cuentan para algo. De otra manera, ¿por qué se molestaría Dios en anotarlas?

Él profeta Malaquías se consolaba con el hecho de que Dios estaba vigilando. Vivía en un tiempo cuando los malos prosperaban y los justos sufrían. Él profeta empezaba a pensar que la vida justa era en vano. Pero Dios le mostró algo diferente:

> Entonces los que temían a Jehová hablaron cada uno a su compañero; y Jehová escuchó y oyó, y fue escrito libro de memoria delante de Él para los que temen a Jehová, y para los que piensan en su nombre[...] Entonces os volveréis, y discerniréis la diferencia entre el justo y el malo, entre el que sirve a Dios y el que no le sirve.

Malaquías 3.16, 18, énfasis mío

Dios compiló un registro de los judíos que habían permanecido fieles y de los que se habían alejado. Pero, ¿por qué? ¿Qué diferencia hace a la larga?

Un día en la corte

Él apóstol Pablo prestaba cuidadosa atención a su conducta. Se esforzaba todo lo que podía para permanecer sin reproche ante el hombre y ante Dios. ¿Por qué? ¿Debido a que estaba tan agradecido por lo que Dios había hecho por él? Ciertamente que eso era parte de la razón. Pero no era toda su motivación. También creía que Dios estaba tomando notas y que ellas contarían para la eternidad. Él escribe:

> Por tanto procuramos también, o ausentes o presentes, serle agradables [a Cristo].

2 Corintios 5.9

Esa es una ambición noble. Pero, ¿qué la motivaba?

Porque es necesario que todos nosotros comparezcamos ante el tribunal de Cristo, para que cada uno reciba según lo que haya hecho mientras estaba en el cuerpo, sea bueno sea malo.

2 Corintios 5.10

Pablo habla aquí de un juicio diferente al que Juan describe en Apocalipsis 20. Pero, de nuevo, cada participante es llamado a dar cuenta de su vida.

Pablo llena algunos de los detalles que aclaran el propósito de todas estas anotaciones divinas. Primero, cuando dice «nosotros», eso significa los creyentes. Segundo, afirma constantemente, que este juicio se basa en «lo que haya hecho mientras estaba en el cuerpo», o sea, lo que se hizo en la tierra. Tercero, este juicio toma en consideración tanto lo «bueno» como lo «malo». Este tercer punto viene como un choque para muchos cristianos, que preguntan: «Si hemos sido perdonados, ¿cómo puede Dios tomar en consideración nuestras malas obras?»

Debe hacerse una cuidadosa distinción; y Zane Hodges lo explica de esta manera:

Se arguye algunas veces que los pecados del creyente no pueden ser traídos a consideración en el tribunal de Cristo porque todos ellos han sido ya perdonados. Pero eso confunde dos clases de juicios. El destino eterno del cristiano no es la cuestión a determinarse en el juicio de los creyentes, de allí que «pecado» como una barrera a su entrada a la comunión eterna con Dios no es la cuestión aquí. Pero debe tenerse presente que para revisar y evaluar una vida, el Juez debe considerar la vida en su totalidad. Y eso obviamente incluye lo malo y lo bueno.[3]

Por último, Pablo dice que seremos «recompensados» por estas obras.

---

[3] Zane Hodges, *Grace in Eclipse: A Study of Eternal Rewards* [Gracia en eclipse: un estudio de las recompensas eternas], Redención Viva, Dallas, TX, 1985, pp. 51-52.

Recompensados

Pablo usa el término que se traduce «recompensa» en otros dos casos. En ambos, se refiere a la respuesta del esclavo a su amo:

[...] sirviendo de buena voluntad, como al Señor y no a los hombres, sabiendo que el bien que cada uno hiciere, *ese recibirá* del Señor, sea siervo o sea libre.

Efesios 6.7-8, énfasis mío

Más el que hiciere injusticia, *recibirá* la injusticia que hiciere, porque no hay acepción de personas.

Colosenses 3.25, énfasis mío

En los dos casos, el término lleva la idea de que las acciones de Dios hacia el creyente dependen de la fidelidad del creyente a Él. En Efesios se describe a Dios como haciendo buenas cosas por aquellos que *hacen* lo bueno. En Colosenses, Pablo promete que Dios castigará de alguna manera a los cristianos que hacen lo malo.

El uso del término en 2 Corintios 5 parece implicar ambas ideas. Dios responderá tanto a lo bueno como a lo malo. Y en este caso en particular la ocasión o el tiempo es claro. Esta referencia no es a las consecuencias normales del pecado en esta vida. Pablo está refiriéndose a un juicio futuro; un juicio en el cual se examinará todo lo que habremos hecho.

Las palabras de Jesús hacen eco de esta idea:

He aquí yo vengo pronto, y mi galardón conmigo, para recompensar a cada uno según sea su obra.

Apocalipsis 22.12

La palabra que se traduce como «recompensar» aparece también en Apocalipsis 18. De modo que Jesús está diciendo que «cada uno» recibirá su paga por lo que ha hecho.

Donde la justicia se encuentra con la gracia

¿Importa nuestra conducta una vez seguros de nuestra salvación? Puede estar seguro que sí. ¿Hay alguna consecuencia eterna cuando un creyente peca? Por supuesto. ¿Será la eternidad igual para los que siguen fielmente a Cristo y los que viven para sí mismos? De ninguna manera.

Nuestro Dios es un Dios de justicia tanto como de gracia. Su oferta de gracia se extiende continuamente incluso al más vil pecador. Pero su justicia lo mueve a llevar un registro cuidadoso de los que permanecen fieles y los que no. Su gracia le impulsó a sacrificar a su único Hijo para proveer el camino para nuestra salvación. Pero su justicia le hace tomar nota especial de aquellos creyentes que están dispuestos a sacrificarse por su Hijo.

Tenga en cuenta que no estamos hablando acerca del cielo o del infierno. Esa es una cuestión totalmente diferente. Nuestras obras no tienen nada que ver con el lugar *donde* pasaremos la eternidad. Pero sí tienen mucho que ver con lo que podemos esperar cuando lleguemos allá.

¿Sabe usted?

1. *¿Será la eternidad igual para todo incrédulo?*
2. *¿Cómo se diferencia lo que está escrito en «el libro de la vida», de lo que está escrito en los «libros» presentados en el juicio ante el Gran Trono Blanco?*
3. *¿Qué significa el término que se traduce como recompensa según lo usa el apóstol Pablo?*
4. *¿Hay alguna consecuencia eterna cuando un creyente peca? Explique.*

14

Oro, plata y piedras preciosas

Porque nadie puede poner otro fundamento que el que está puesto, el cual es Jesucristo. Y si sobre este fundamento alguno edificare oro, plata, piedras preciosas, madera, heno, hojarasca, la obra de cada uno se hará manifiesta; porque el día la declarará, pues por el fuego será revelada; y la obra de cada uno cuál sea, el fuego la probará. Si permaneciere la obra de alguno que sobreedificó, recibirá recompensa. Si la obra de alguno se quemare, él sufrirá pérdida, si bien él mismo será salvo, aunque así como por fuego.

1 Corintios 3.11-15

Esta afirmación es una de las que respaldan más fuertemente la seguridad eterna, de todas las que se encuentran en la Biblia. En este pasaje el apóstol Pablo relata lo que ocurrirá en el tribunal de Cristo. La vida de cada creyente será evaluada en base a su contribución y consagración al reino de Dios; del cual Cristo es descrito como el fundamento.

Aquí se define a dos clases de cristianos. El primer hombre que comparece para ser evaluado, representa a aquellos que hicieron contribuciones reales al reino de Dios durante su vida terrenal. Sus obras se describen como «oro, plata, [y] piedras preciosas». Son de tal calidad que sobre-viven al intenso examen del Salvador. Por consiguiente, este hombre es recompensado por su fidelidad.

Luego aparece el segundo hombre. Este representa a los creyentes que no tienen tiempo para las cosas de Cristo, que viven su vida para sí mismos. Una por una sus obras son evaluadas y una por una se queman. Sus obras se describen como «madera, heno, [y] hojarasca». Sus obras no tienen substancia real, ni valor eterno.

Cuando se aclara el humo, se enfrenta con la realidad de que a la estimación de Dios, nada de aquello por lo que él ha vivido cuenta. Ha pasado su vida entera persiguiendo cosas. Su éxito terrenal se enfocó en aquellas cosas que son perecederas, temporales.

Pablo dice que este hombre sufrirá pérdida. Esto es, no tendrá nada que mostrar por su vida; habrá perdido todo. Pero, concluye Pablo, ¡el hombre en sí será salvo!

Este pasaje es muy poderoso porque nos presenta a un cristiano que en ningún punto de su vida produjo algún fruto eterno. Y, sin embargo, su salvación nunca estuvo en peligro. Nunca se cuestiona dónde pasará la eternidad.

Buenas noticias, malas noticias

A pesar de su posición segura como un hijo de Dios, este individuo probablemente no dejó la escena regocijándose. Su vida entera fue descartada como una pila de hojarasca que humea. Y para empeorar las cosas, su Salvador, a quién le debía todo, actuó como su Juez. Este hombre en verdad sufrió pérdida.

Y no todo concluyó aquí. Porque las Escrituras nos dicen que la fidelidad o infidelidad del hombre en esta vida, resulta mucho más que un simple momento de regocijo o vergüenza en el tribunal de Cristo.

Lo que tiene lugar en el tribunal, tiene consecuencias perdurables.

La recompensa de autoridad

Los Evangelios están llenos de parábolas que ilustran este mismo punto. Una de ellas enfoca a un propietario que confió sus posesiones a tres esclavos mientras él se iba de viaje (véase Mateo 25.14-30). A cada esclavo le dio una diferente cantidad que cuidar, garantizada por la capacidad individual.

Los primeros dos esclavos invirtieron las posesiones de su amo, y duplicaron sus inversiones. El tercero, sin embargo, escondió en la tierra el talento de su amo.

Después de mucho tiempo, el amo regresó y llamó a los esclavos para arreglar cuentas. Habiendo oído los informes de los dos primeros esclavos, el amo respondió a cada uno diciéndole:

> [...] Bien, buen siervo y fiel; sobre poco has sido fiel, sobre mucho te pondré; entra en el gozo de tu señor.
>
> *Mateo 25.23*

A los dos se les había confiado diferentes cantidades. Sin embargo, ambos recibieron la misma recompensa. De este resultado obtenemos una perspectiva de la norma de Dios para el juicio. Cada uno de nosotros será juzgado en base a las oportunidades y capacidades individuales (véase Mateo 25.15). Este hecho se destaca por la reacción del amo ante el tercer esclavo.

Este, con su cabeza inclinada, se acercó a su amo:

> [..] Señor, te conocía que eres hombre duro, que siegas donde no sembraste y recoges donde no esparciste; por lo cual tuve miedo, y fui y escondí tu talento en la tierra; aquí tienes lo que es tuyo.
>
> *Mateo 25.24-25*

No había hecho nada con el talento de su amo. Ni siquiera había *tratado* de hacer algo con ese dinero. Su amo replicó:

Piénselo

*¿Qué está haciendo usted
para la eternidad?*

[...] Siervo malo y negligente,[...] debías haber dado mi dinero a los banqueros,[...] Quitadle, pues, el talento, y dadlo al que tiene diez talentos.

Mateo 25.26-28

En ese punto de la parábola Jesús hizo un desvío para hacer un comentario. Sabía que sus oyentes se preguntarían por qué se le dio más al esclavo que ya tenía diez talentos. Uno pensaría que el esclavo con cuatro lo recibiría. Pero esa no es la manera en que se hacen las cosas en su reino:

Porque al que tiene, le será dado, y tendrá más; y al que no tiene, aun lo que tiene le será quitado.

Mateo 25.29

Era la manera en que Jesús ilustraba lo que ocurrió con el hombre que se presentó al tribunal con madera, heno y hojarasca. Cuando el juicio concluyó, incluso eso le fue quitado.

Lo que Cristo quiere decir es claro: *Quienes demuestran en esta vida una capacidad y disposición de usar e invertir apropiadamente lo que Dios les ha confiado, recibirán más para usar e invertir en su reino futuro.* Los primeros dos esclavos fueron fieles en lo poco. Su recompensa fue la oportunidad de ser fieles con mucho más.

Las tinieblas de afuera

El versículo final de esta parábola es tan severo que algunos comentaristas creen que es una descripción del infierno. No lo es. Téngase en cuenta que esta es una parábola. Esta se usaba para destacar un punto central. El punto de esta parábola es que en el futuro Reino de Dios, quienes fueron fieles en esta vida recibirán recompensa, y aquellos que no, perderán cualquier recompensa potencial. A algunos les serán dados más privilegios y responsabilidades, mientras que otros no tendrán nada.

Este es el versículo:

Y al siervo inútil echadle en las tinieblas de afuera; allí será el lloro y el crujir de dientes.

Mateo 25.30

Jesús concluyó su parábola y añadió que el esclavo fue arrojado a las tinieblas de afuera. Luego, refiriéndose al lugar real, el cual indica en la parábola con la expresión «las tinieblas de afuera», afirmó: «allí será el lloro y el crujir de dientes».

Antes de poder comprender el impacto de la parábola, debemos primero determinar a qué se refiere la expresión «las tinieblas de afuera», en base a ese contexto.[1]

Ciertamente que en la parábola no se refiere al infierno. ¿Cómo puede un amo echar a su esclavo en el infierno? Esta frase aparece en una parábola similar en el capítulo 22 de

---

[1] Al interpretar las parábolas y las ilustraciones es un error común confundir los detalles figurados de la ilustración con elementos del mundo real. Esta tendencia a traer los detalles del ámbito de lo imaginario al mundo real causa confusión innecesaria. La referencia de Jesús a las ramas que se echan en el fuego y arden, en Juan 15, es un buen ejemplo. Algunos han interpretado sus palabras como queriendo decir que los creyentes que no llevan fruto son extirpados del cuerpo de Cristo, y con el tiempo arrojados al infierno. Hodges comenta:

Esta afirmación (Juan 15.6) ha causado perplejidad innecesaria. La principal razón para ello es el fuerte impulso que muchos lectores tienen para identificar la referencia con el fuego del infierno[...] No hay ninguna razón para pensar en el fuego literal, así como no estamos tratando con una vid literal, ni ramas literales, ni fruto literal. «Fuego» aquí es simplemente otro elemento figurado en la metáfora horticultural. *Absolutely Free* [Absolutamente libre], Zondervan, Grand Rapids, MI, 1989, p. 135)

El creyente que no lleva fruto es separado, archivado. No tiene uso práctico para Cristo y su Reino, así como la rama que no lleva fruto no tiene uso para la vid fructífera.

Mateo. En esa parábola un huesped indeseable es atado y echado fuera del banquete, a las «tinieblas de afuera» (véase Mateo 22.13); es claro que se refiere a ser echado fuera del edificio, a la obscuridad.

La misma interpretación encajaría en el caso del siervo ocioso. Entre tanto que a dos de los esclavos se les dio mayor responsabilidad, al tercero se le echó fuera de la casa.

Pero, ¿a qué lugar *real* se refería Jesús en esta parábola? Él nos da solamente un indicio: «Allí será el lloro y el crujir de dientes». En la parábola no hay mención de castigo adicional a este (véase Mateo 25.46). No hay mención de dolor, fuego o gusanos. Este lugar claramente no es el infierno. Bien, pues, entonces, ¿en dónde está?

Los creyentes en el Reino

Antes de tratar este importante asunto, quiero asegurarme que entienda la implicación de los dos pasajes que acabamos de examinar. *El Reino de Dios no será lo mismo para todos los creyentes.* Déjeme explicarlo de otra manera. Algunos creyentes tendrán recompensas por su fidelidad terrenal; otros, no. A algunos creyentes se les confiará ciertos privilegios; a otros, no. Algunos reinarán con Cristo; otros no (véase 2 Timoteo 2.12). Algunos serán ricos en el Reino de Dios; otros serán pobres (véase Lucas 12.21, 33). A algunos se les dará verdaderas riquezas; a otros no (véase Lucas 16.11). A algunos se les dará tesoros celestiales que serán propios de ellos (véase Lucas 16.12). Algunos reinarán y gobernarán con Cristo; otros no (véase Apocalipsis 3.21).

Un estudio cuidadoso de estos pasajes revela un común denominador. El privilegio en el Reino de Dios es determinado por la fidelidad de uno en esta tierra. Esta verdad puede ser para algunos un choque. Tal vez siempre ha pensado que todo el mundo será igual en el Reino de Dios. Es verdad que habrá igualdad en términos de ser incluidos en el Reino, pero no en cuanto a nuestro rango y privilegio.

La prueba más clara viene de la respuesta de Jesús a Pedro cuando le preguntó al Maestro acerca de lo que él y los otros apóstoles recibirían por sus sacrificios:

Entonces respondiendo Pedro, le dijo: He aquí, nosotros lo hemos dejado todo, y te hemos seguido; ¿qué, pues, tendremos?

Mateo 19.27

Jesús no lo reprendió por ser egoísta y egocéntrico. Tampoco intentó corregir la teología de Pedro. La pregunta de Pedro estaba justificada. De modo que Jesús le contestó:

[...] De cierto os digo que en la regeneración, cuando el Hijo del Hombre se siente en el trono de su gloria, vosotros que me habéis seguido también os sentaréis sobre doce tronos, para juzgar a las doce tribus de Israel.

Mateo 19.28

Los apóstoles tendrán una posición especial de autoridad en el reino futuro. Usted y yo no juzgaremos a las doce tribus de Israel. Ese es un privilegio reservado para ese grupo especial.

El lloro y el crujir de dientes

Ahora, regresemos a nuestra pregunta original. ¿En dónde está ese lugar representado por «las tinieblas de afuera» en las parábolas de Jesús? Estar en «las tinieblas de afuera» es estar *en el Reino de Dios, pero fuera del círculo de hombres y mujeres cuya fidelidad, en esta tierra, les ganó para ellos un rango especial o posición de autoridad.*

Las «tinieblas de afuera» representan, no tanto un lugar real cuanto una esfera de influencia y privilegio.[2] No es un área geográfica del reino en donde quedan confinados ciertos

---

[2] Para mayor información sobre este punto de vista de las «tinieblas de afuera», véase Zane Hodges, *Grace in eclipse: A Study on Eternal Rewards* [Gracia en eclipse: un estudio acerca de recompensas eternas], Redención Viva, Dallas, TX, 1985, pp. 86-95.

hombres y mujeres. Es simplemente una figura del lenguaje describiendo su bajo rango en el Reino de Dios.

La razón por la que habrá lloro y crujir de dientes de parte de quienes se encuentran en esta posición, se hace obvia una vez que se elimina la confusión sobre la frase «crujir de dientes». Esta figura del lenguaje no simboliza dolor, como algunos han pensado.

El mejor ejemplo de lo que esto en verdad denota se halla al final del sermón de Esteban en Hechos. Este había sido acusado falsamente de blasfemia. Después de su larga defensa, sus acusadores «se enfurecían en sus corazones, y crujían los dientes contra él» (Hechos 7.54). ¿Por qué? ¿Acaso tenían dolor? No, era debido a que «no podían resistir a la sabiduría y al Espíritu con que hablaba» (6.10). Aquellos hombres oyeron la verdad, sabían que estaban en un error, y no podían soportarlo. Estaban extremadamente frustrados consigo mismos. Pero, en lugar de arrepentirse, silenciaron la voz de la verdad.

Ahora, imagínese estando ante Dios y viendo reducido a cenizas todo aquello por lo cual usted ha vivido. ¿Cómo piensa que se sentiría? ¿Cómo cree que respondería? Imagínese observando a santo tras santo, recibiendo recompensa por su fidelidad y servicio al Rey, y sabiendo todo el tiempo, que usted había tenido igual número de oportunidades, pero no hizo nada con ellas.

No podemos concebir la agonía y la frustración que sentiríamos si tuviéramos que atravesar semejante prueba; darnos cuenta de que nuestra infidelidad nos ha costado eternamente sería devastador. Y así será para muchos creyentes.

Así como aquellos que fueron hallados fieles se regocijarán, así los que sufrirán pérdida llorarán. Mientras que a unos se les celebra por su fidelidad, otros crujirán sus dientes frustrados por su vista limitada y su codicia.

No sabemos cuánto tiempo durará el regocijo o la tristeza. Aquellos cuyas obras se quemaron no llorarán ni crujirán sus dientes por toda la eternidad. Sabemos que en algún punto Dios consolará a los que han sufrido pérdida (véase Apocalipsis 21.4). Pero no hay indicación en las Escrituras que todo el mundo tendrá los mismos privilegios por toda la eternidad. Las recompensas son permanentes.

«No os engañéis...»

Puede parecer extraño que en un libro sobre la seguridad eterna dedique tanto espacio al juicio y a las recompensas de los creyentes. Pero opino que esta área de la doctrina es clave para reconciliar la justicia de Dios con el don gratuito de la salvación. Cualquiera que toma en serio la enseñanza del reino de Jesús, sabe que los creyentes no se escaparán con el pecado. Toda obra pecaminosa será examinada. Por otra parte podemos estar seguros de que ninguna de nuestras buenas obras quedará desapercibida tampoco.

Hace algunos años prediqué en nuestra iglesia una serie sobre el tema de las recompensas. A medida que avanzaba, empecé a notar un cambio que tomaba lugar en la vida de uno de nuestros estudiantes de secundaria. Ken nunca había sido líder espiritual en nuestro departamento juvenil. En efecto, me enteré después que hasta ese tiempo, en su mayor parte, había seguido el camino del mundo. Pero algo en esa serie captó su atención. Cada semana se sentaba más y más cerca del santuario. Al final de la serie, estaba en la primera banca.

En las semanas que siguieron, tuve varias oportunidades de hablar con Ken. Durante esas conversaciones, me contó varios detalles de su peregrinaje espiritual, y por qué creía que la serie sobre las recompensas había tenido tanto impacto en él. Me dijo:

> Siempre supuse que una vez que alguien confiaba en Cristo y sabía que iba al cielo, estaba casi listo. Me figuraba que en el cielo todos seríamos iguales. Siendo ese el caso, en realidad no veía ninguna razón para dejar nada de lo que hay aquí abajo. ¿Qué diferencia haría? Cuando usted empezó a hablar sobre recompensas, fue un choque para mí.

Nunca había oído algo así antes. De súbito empecé a pensar en todo lo que había hecho. Empecé a darme cuenta de que cada momento contaba. Dejé de beber licor. Dejé de ir a fiestas. Empecé a invitar a mis amigos a la iglesia. Todo cambió. Creo que antes de eso en realidad no estaba motivado. Una vez que me di cuenta de que lo que hago ahora determina cómo será la eternidad, me dediqué a trabajar.

Hoy Ken está en la universidad. Ha hecho un impacto significativo por Cristo en su fraternidad, tanto como en el plantel en general. Cada vez que lo veo no puedo evitar preguntarme cuántos otros Kens hay en mi congregación y en otras en todo el país; creyentes a quienes se ha arrullado para que piensen que una vez que tienen un boleto para el cielo, pueden descansar; que no ven ninguna conexión entre sus vidas ahora y la eternidad; que corren el riesgo de abochornarse al ver que todo aquello por lo cual han vivido se reduce a madera, heno y hojarasca.

Jim Elliot comprendió el cuadro completo. Al sacrificar su vida en un intento por evangelizar a los Aucas, se convirtió en una ilustración de sus propias palabras, cuando dijo:

> No es tonto el que da lo que no puede guardar para ganar lo que no puede perder.

Cada momento cuenta. Ninguna obra pasará desapercibida. Todos nosotros deberemos rendir cuentas. Nadie se escapará con alguna cosa. Si usted es un creyente que vive para Cristo, estas noticias deben estimularle. Si, no obstante, es uno de aquellos que han estado contentos simplemente con saber que van camino al cielo, esta información debe ser perturbadora. Es mi oración que renueve su compromiso con Cristo y empiece a vivir por Él. Preste atención a las palabras de Pablo:

> No os engañéis; Dios no puede ser burlado: pues todo lo que el hombre sembrare, eso también segará[...] No nos cansemos, pues, de hacer bien; porque a su tiempo segaremos, si no desmayamos.

Gálatas 6.7-9

¿Sabe usted?

1. ¿Cuáles tipos de creyentes están representados por «oro, plata y piedras preciosas» y «madera, heno y hojarasca»?

2. En la parábola de los talentos, ¿por qué al siervo con más dinero se le dio más? ¿Qué punto estaba Jesús destacando?

3. ¿Será el Reino de Dios igual para todos los creyentes? Explique.

4. De acuerdo al autor, ¿qué representa en las parábolas de Jesús la expresión «las tinieblas de afuera»?

5. ¿Qué significa la frase crujir de dientes?

15

El pecado imperdonable

A través de los años he hablado con muchos cristianos y no cristianos que temían haber cometido «el pecado imperdonable». Casi todos tenían una idea diferente de qué era eso exactamente. Pero todos concordaban en una cosa: eran culpables y sentían que su situación ya no tenía esperanza. Los cristianos que creen que han cometido el pecado imperdonable tienen dificultad —si acaso no lo ven como imposible— para aceptar la doctrina de la seguridad eterna. Por esta razón me sentí compelido a tratar este asunto.

Cientos de versículos en la Biblia prometen perdón de nuestros pecados, pero hay sólo un pasaje que se refiere al pecado imperdonable. Examinémoslo para obtener una perspectiva de lo que Jesús quiso decir cuando se refirió al pecado que no podía ser perdonado.

«No le será perdonado»

Jesús había curado a un endemoniado, ciego y mudo, «de tal manera que el ciego y mudo veía y hablaba» (Mateo 12.22). Las multitudes que seguían a Jesús empezaron a decir: «¿Será éste aquel Hijo de David?» La implicación era que creían que Él era el Hijo de David, o, en otras palabras, el Mesías.

Por otro lado, los fariseos acusaron a Jesús de echar fuera demonios por Beelzebú, príncipe de los demonios. La respuesta de Jesús a la acusación de ellos lo llevó a concluir diciendo:

> Por tanto os digo: Todo pecado y blasfemia será perdonado a los hombres; mas la blasfemia contra el Espíritu no les será perdonada. A cualquiera que dijere alguna palabra contra el Hijo del Hombre, le será perdonado; pero al que hable contra el Espíritu Santo, no le será perdonado, ni en este siglo ni en el venidero.
>
> *Mateo 12.31-32*

El término *blasfemia* puede definirse como «irreverencia desafiante». Aplicaríamos este término a pecados tales como maldecir a Dios, o degradar a propósito cosas consideradas santas. En este pasaje, el término se refiere a la declaración de los fariseos, quienes habían presenciado evidencia innegable de que nuestro Señor realizaba milagros en el poder del Espíritu Santo. Sin embargo, atribuyeron a Satanás los milagros. Frente a la evidencia irrefutable, adscribieron a Satanás la obra del Espíritu Santo.

Concuerdo con muchos eruditos bíblicos que esta circunstancia única no se puede duplicar hoy. Los fariseos habían visto, prueba tras prueba, que Cristo era lo que declaraba ser. No podían escapar al hecho de que lo que Él hacía era de naturaleza sobrenatural. Pero en lugar de reconocer lo que pienso que en sus corazones sabían que era verdad, atribuyeron el poder sobrenatural a Satanás y no al Espíritu Santo. Eso, en cierto sentido, fue la última gota.

Cristo ya no está en el mundo como entonces. Aunque el Espíritu Santo todavía sigue realizando cosas sobrenaturales por medio de sus siervos, éstos son sólo representantes del Rey. Las circunstancias de Mateo 12 hacen imposible que este pecado tenga lugar hoy en día. Este incidente, añadiría, es el único en el cual se declara un pecado imperdonable.

La Biblia claramente enseña: «Porque todo aquel que invocare el nombre del Señor, será salvo» (Romanos 10.13). Ninguna invitación a la salvación contiene la cláusula de excepción: «a menos que haya cometido el pecado imperdonable».

Sin importar cuán malos sean nuestros pecados, hay perdón para ellos. Dios le perdonó a David por su adulterio, deshonestidad y homicidio (véase 2 Samuel 12.13; Salmo 51).

Él perdonó al hijo pródigo por vivir «perdidamente» (véase Lucas 15.11-32). La triple negación de Pedro acompañada de palabrotas, fue perdonada (véase Mateo 26.74-75). El apóstol Pablo fue perdonado por su persecución inmisericorde de los cristianos antes de su conversión (véase Hechos 9.1).

Aunque no hay pecado imperdonable, hay un estado imperdonable: el estado de incredulidad. No hay perdón para la persona que muere en incredulidad.

¿Qué tal en cuanto a usted?

Si está preocupado por la posibilidad de haber cometido el pecado imperdonable, puede descansar seguro de que no lo ha hecho. Su preocupación confirma su inocencia. Dios siempre da la bienvenida a aquellos cuyos corazones son sensibles a Él.

Por otro lado, si teme que pudiera estar en el imperdonable estado de incredulidad, eso se puede remediar en este mismo instante. Usted ya ha leído lo suficiente como para saber que la salvación es sólo por medio de la fe; fe en la muerte de Cristo como el pago total por su pecado. Si no está seguro de haber confiado en Cristo como su Salvador, ¿por qué no regresar al final del capítulo 8, y elevar la oración que hemos incluido allí?

Piénselo

*Si hay un pecado imperdonable,
Cristo no murió por todo pecado.
Si no murió por todo pecado,
hay algunos para quienes la
salvación no está disponible.
Si la salvación no está disponible
para todos los hombres, Juan 3.16
y otra multitud de versículos
no son verdad.*

¿Sabe usted?

1. ¿Cómo define el autor el término blasfemia?
2. ¿Es posible cometer hoy el «pecado imperdonable? Explique.
3. ¿Por qué el autor dice que no hay «pecado imperdonable» sino más bien un «estado imperdonable»?
4. ¿Qué seguridad da el autor a aquellos que se preocupan de que tal vez han cometido el pecado imperdonable?

16

Caer de la Gracia

De Cristo os desligasteis, los que por la ley os justificáis; de la gracia habéis caído.

Gálatas 5.4

Don era un nuevo miembro en nuestra iglesia. No tenía mucho tiempo de ser cristiano cuando se unió a nuestra congregación.

—Dr. Stanley —me dijo—, ¿cómo sabe una persona que ha caído de la gracia?

No era la primera vez que se me hacía la pregunta. Me imagino que todo pastor que ha estado algún tiempo en el ministerio la ha oído.

—¿Qué quiere decir usted? —le pregunté.

—Quiero decir... este... usted sabe... Simplemente ya no siento lo mismo. Solía estar cerca de Dios, pero me dejé enredar por ciertas cosas y...

—Ya no está seguro de que sigue siendo salvo.

—¡Eso! Creo que es eso.

«Caer» fuera de contexto

Para muchas personas «caer de la gracia» es sinónimo de perder la salvación. Esta percepción es equivocada. Igualmente errada es que la mayoría de las personas con las que he hablado con respecto a «caer de la gracia» no tienen ni la menor idea de dónde viene la frase, o a qué se refería en principio. En la mayoría de los casos ni siquiera están seguros dónde la oyeron por primera vez. «¿Acaso la Biblia no dice que uno puede caer de la gracia?», preguntan.

Para complicar el problema, estas cuatro palabras se han convertido en una expresión común para referirse al hecho de perder el favor ante alguien. Todo esto junto ha resultado en una gran confusión en cuanto a esta frase, la cual aparece una sola vez en el Nuevo Testamento, y jamás tuvo la intención de que se la sacara de su texto y usara como una máxima teológica. Para comprender esta expresión tan mal entendida, debemos mirar a su contexto único.

Una combinación imposible

El libro de Gálatas encuentra a Pablo defendiéndose a sí mismo y al evangelio de Cristo, de un grupo de «maestros» que llego a Galacia algún tiempo después de su salida. El grupo, comúnmente conocido como los judaizantes, proclamaba un evangelio diferente al de Pablo. Sin embargo, lo que ellos decían tenía suficientes similitudes con las enseñanzas del apóstol como para confundir a los cristianos en Galacia.

El grupo creía y enseñaba que la salvación se obtenía por tener fe en Cristo junto con guardar algunas porciones de la ley. Su evangelio distorsionado se centraba en la importancia de la circuncisión. La carta de Pablo indica que los judaizantes habían tenido éxito en persuadir a algunos creyentes gentiles a circuncidarse para asegurarse de su salvación (véase Gálatas 5.2).

La serie de hechos rompió el corazón del apóstol (véase Gálatas 4.18-20). Él había tenido la impresión de que la gente de Galacia era sólida en su comprensión del evangelio. Oír que tan fácilmente se habían dejado descarriar fue un golpe severo para Pablo. Así que escribió:

> Estoy maravillado de que tan pronto os hayáis alejado del que os llamó por la gracia de Cristo, para seguir un evangelio

diferente. No que haya otro, sino que hay algunos que os perturban y quieren pervertir el evangelio de Cristo.

Gálatas 1.6-7

¿Cuán diferente?

Es imposible para nosotros saber todo lo que creían los judaizantes. Numerosos eruditos han investigado esta cuestión en un intento por ensamblar su teología. Aunque no concuerdan exactamente en todos los detalles, hay por lo menos un par de aspectos comunes.

Para empezar, los judaizantes creían en la salvación por obras. No era suficiente poner la fe en la muerte de Cristo en la cruz como pago por el pecado. Enseñaban que un hombre debe combinar su fe con las obras, para obtener la vida eterna.

Segundo, los judaizantes continuaban adhiriéndose a porciones de la ley como código de ética. Observaban días especiales. Retenían muchas de las pautas dietéticas de la ley. Y, como ya se mencionó antes, la circuncisión era de gran significación para los judaizantes. Por lo que Pablo les dice en Gálatas, el tema debe haber sido uno de los favoritos de ellos.

Una carga pesada

De modo que, ¿qué tiene todo esto que ver con caer de la gracia? Dentro del contexto de este gran debate, Pablo expresa su declaración en cuanto a caer de la gracia. Por favor, tome nota. *La preocupación primaria de Pablo no era que los creyentes gálatas estaban enredándose en alguna clase de grosera inmoralidad.* Su temor no era que estuvieran abandonando conscientemente a Dios. Ese no era el punto de contención. En cierto sentido, lo opuesto era verdad. Estaban a punto de adoptar una forma de religión ¡que restringía su libertad aún más! Estaban en peligro de

Piénselo

*Si caer de la gracia indica
la pérdida de la salvación, ¿por qué
no hay mención del infierno?
La única amenaza que Pablo indica
es un retorno al «yugo de esclavitud».
Tan mala como pudiera ser,
la amenaza del infierno
ciertamente llevaría un incentivo
mucho mayor que la posibilidad
de una vida entera de observar
la Ley. Además, los judíos en
la audiencia de Pablo estaban
acostumbrados a vivir bajo la Ley.*

comprometerse a una forma de vida que exigiría más en forma de obras. Él les advirtió:

> Estad, pues, firmes en la libertad con que Cristo nos hizo libres, y no estéis otra vez sujetos al yugo de esclavitud.
>
> *Gálatas 5.1*

De manera interesante, este versículo sirve como la introducción al pasaje que incluye la expresión en cuestión. Pablo continuó:

> He aquí, yo Pablo os digo que si os circundidáis, de nada os aprovechará Cristo. Y otra vez testifico a todo hombre que se circuncida, que está obligado a guardar toda la ley.
>
> *Gálatas 5.2-3*

¿Qué quiso decir cuando expresó que *de nada aprovechará Cristo a los que reciben la circuncisión?* Pablo nació en un hogar judío. Fue circuncidado. Aun más, hizo circuncidar a Timoteo para evitar ofender a los judíos (véase Hechos 16.3). ¿Qué es lo que se proponía?

La circuncisión había sido presentada al grupo como un medio de salvación. En efecto, Pablo estaba advirtiéndoles que confiar en la circuncisión para la salvación era un desperdicio de tiempo. Esa no era la manera de hallar aceptación en Cristo. Cualquiera que se circuncidaba para salvación estaba añadiendo a la fe obras, demostrando así una falta de fe en la suficiencia de la muerte de Cristo. El acto de la circuncisión no era el problema. Lo que le preocupaba era la mala teología ligada al acto.

«Además», arguye él, «ustedes no pueden simplemente seleccionar y escoger cuáles partes de la ley quieren guardar, y cuáles quieren desechar. Si piensan que la salvación viene por medio de la ley, mejor que la guarden toda ella completa». Era todo o nada. Combinar a Cristo con la ley no funcionaría porque eran dos sistemas diferentes por completo. La ley y la gracia no se mezclan. Un regalo no es tal cosa si usted tiene algo que hacer para conseguirlo.

Desligados del Salvador

Entonces Pablo usó un lenguaje fuerte:

De Cristo os desligasteis, los que por la ley os justificáis; *de la gracia habéis caído.*

Gálatas 5.4, énfasis mío

La situación exigía confrontación directa. Ellos estaban escogiendo regresarse a la esclavitud de la cual habían sido libertados mediante la muerte de Cristo. Si la salvación podía obtenerse por medio de la ruta ofrecida por los judaizantes, Cristo murió en vano (véase Gálatas 2.21).

Ese es exactamente el punto que Pablo alega al incluir el término que se traduce como «desligasteis». Es difícil encontrar un término español equivalente para esta palabra dentro de la estructura de la frase. El vocablo en realidad significa «anular» o «invalidar».[1] Pero decir: «De Cristo os anulasteis», no tiene mucho sentido en español. La Nueva Versión Internacional usa la frase *se han apartado,* pero esta expresión tampoco lo explica satisfactoriamente.

Para parafrasear las palabras del apóstol: «Su asociación con Cristo ha sido invalidada».[2] Anular algo es eliminar su valor, su impacto, su significación o, en algunos casos, sus consecuencias. *Al integrar porciones de la ley al evangelio, estaban anulando la necesidad de la muerte de Cristo por sus pecados.* De nuevo, si la salvación se pudiera obtener por medio de la ley, no había razón para que Cristo muriera.

---

[1] Otros pasajes en donde aparece este término son Gálatas 3.17; Romanos 3.3,31; 2 Corintios 3.11,13,14; y Efesios 2.15. En cada caso se traen dos cosas en conflicto. El resultado es que una *anula* el efecto o el impacto de la otra.

[2] F.F. Bruce, *The New International Greek Testament Commentary, Commentary on Galatians* [Comentario del Nuevo Testamento Griego Internacional, Comentario sobre Gálatas], Eerdmans, Grand Rapids, MI, 1982, p. 231.

Pablo estaba abundando sobre lo que había dicho en el versículo previo. De nuevo parafraseo: «Ustedes no pueden seleccionar y escoger cuáles porciones de la Ley quieren obedecer. ¡Es todo o nada! Y si escogen el camino de la Ley, anulan la muerte de Cristo». La versión en inglés del rey Santiago es útil aquí: «Cristo ha quedado sin efecto para ustedes». En otras palabras, «¿De qué sirve Cristo si ustedes escogieron ser justificados por la Ley?»

En ese punto Pablo declaró: «De la gracia habéis caído». Para aclarar lo que quería decir, hagamos una simple pregunta: ¿En qué? Si ellos habían caído *de* la gracia, ¿en qué o a dónde habían caído? Pues bien, ¿qué es lo que Pablo ha estado contrastando con la gracia en todo este pasaje? Las obras y la Ley.

En este contexto lo opuesto a la gracia no es la perdición. Eso ni siquiera tiene sentido gramaticalmente. Lo opuesto a la gracia son las obras de la Ley. *Caer de la gracia, entonces, es abandonar el modelo de salvación por gracia para la justificación, y adoptar el modelo de salvación por obras.* La Nueva Versión Internacional dice: «Has caído fuera de la gracia». Un comentarista observa:

> La cuestión aquí no es la posible pérdida de la salvación porque la referencia a la gracia no es como salvación en sí misma, sino como método de salvación[...] Si los gálatas aceptaban la circuncisión como necesaria para la salvación, estarían dejando el sistema de la gracia por el sistema de la Ley Mosaica.[3]

Pablo no estaba amenazándoles con la pérdida de la salvación, sino con una pérdida de libertad (véase Gálatas 5.1). No dijo que estaban cayendo de la salvación. Su preocupación era que estaban apartándose del sistema de gracia de Dios, lo cual a su vez los llevaría de regreso directo a la frustración de vivir bajo la Ley.

---

[3] *The Bible Knowledge Commentary* [Comentario de Conocimiento Bíblico], p. 605.

Caer de la gracia hoy

No es sorprendente que nunca haya oído la siguiente queja: «Pastor, he caído de la gracia. Siento que debo estar en la iglesia cada vez que abre sus puertas». Tampoco he oído: «Pastor, he caído de la gracia. Debo guardar porciones de la ley mosaica para ser justificado». ¿Risible? Tal vez, pero para caer de la gracia en la manera en que Pablo lo indica, estos son los tipos de cosas que una persona tendría que experimentar.

Caer de la gracia no tiene absolutamente nada que ver con caer en pecado. Tiene más relación con caer en el error.

Inseparable

Querido creyente, usted puede caer de la gracia, pero nunca se caerá de su salvación. Eso es seguro. ¿Cómo lo sé? Por un lado, el mismo hombre que advirtió a un grupo en contra de caer de la gracia le aseguró a otro lo inalterable de su salvación:

> Antes, en todas estas cosas somos más que vencedores por medio de aquel que nos amó. Por lo cual estoy seguro de que ni la muerte, ni la vida, ni ángeles, ni principados, ni potestades, ni lo presente, ni lo por venir, ni lo alto, ni lo profundo, ni ninguna otra cosa creada nos podrá separar del amor de Dios, que es en Cristo Jesús Señor nuestro.
>
> *Romanos 8.37-39*

No creo que Pablo haya dejado algo fuera. Si lo hizo, ciertamente no fue intencional.

Si usted ha puesto su fe en Cristo como su Salvador, NADA puede separarlo del amor de Cristo. ¡Y usted no puede estar más seguro que eso!

¿Sabe usted?

1. ¿Por qué el evangelio de los judaizantes se centraba en la circuncisión?
2. ¿Cómo explicaría usted el concepto de caer de la gracia?
3. ¿Qué es lo opuesto de la gracia?
4. ¿Hay alguna conexión entre caer de la gracia y caer en pecado?

17

Hebreos: una situación única

En cinco ocasiones diferentes el autor del libro de Hebreos advierte a sus lectores acerca de los peligros de abandonar la fe cristiana. Tres de estos pasajes forman una parte principal del arsenal de las Escrituras que usan los que creen que una persona puede perder su salvación. Un estudio a profundidad de Hebreos está ciertamente fuera del alcance de este libro. Pero, al mismo tiempo, pienso que sería injusto tratar de nuestro tema sin proveer una explicación de estos versículos importantes.

Una palabra acerca del método

Ningún versículo de las Escrituras fue escrito sin un propósito específico en mente. Lucas escribió su Evangelio para dar a sus lectores un recuento cronológico preciso de la vida de Cristo (véase Lucas 1.3-4). Juan escribió su Evangelio de modo que la gente creyera que Jesús es el Cristo (véase Juan 20.30-31). Escribieron no sólo con un propósito en mente, sino también para un grupo específico de destinatarios. Cada una de las epístolas de Pablo fue cuidadosamente elaborada para satisfacer necesidades particulares de la iglesia específica a la cual se dirigía. Su carta a la gente en Corinto no hubiera sido apropiada para la iglesia en Éfeso. Hay que reconocerlo, hay principios en cada una de sus cartas que son aplicables universalmente. Pero los detalles específicos fueron en realidad escritos con un grupo en mente.

Identificar el propósito del autor y sus destinatarios, es una gran ayuda en la interpretación. Algunas veces el autor nos informa de ambos al principio del libro. Otras, se nos deja a la cacería de estos tesoros buscando entre los detalles del texto. El autor del libro de Hebreos no nos sale al paso de inmediato para decirnos quiénes eran sus destinatarios ni por qué se sintió impulsado a escribir. Sin embargo, incluso una lectura somera del texto nos revela tanto los destinatarios a los que intentaba dirigirse, como su propósito al escribir.

Los destinatarios

Con toda probabilidad, los destinatarios a los que se dirigía en Hebreos fueron, en primer lugar, cristianos judíos. Este punto de vista es respaldado por varios temas que afloran por todo el libro. Primero, el autor continuamente insiste en que el antiguo pacto era obsoleto. No tendría sentido persistir en martillar en esta cuestión si los destinatarios eran principalmente gentiles. Para empezar, los gentiles no hubieran dado ninguna importancia a un pacto judío. De modo que ¿por qué trabajar tan duro para convencerlos de que ya había dejado de tener efecto?

Segundo, el autor respalda, de manera continua, su argumento con referencias a las Escrituras del Antiguo Testamento. Cualquiera que ha participado en la evangelización sabe cuán ineficaz es usar las Escrituras para respaldar una premisa cuando la persona con la cual se habla no considera que la Biblia sea una fuente fidedigna de información. El autor de Hebreos suponía que sus referencias al Antiguo Testamento tendrían peso para sus destinatarios.

Tercero, el autor indica en varias ocasiones una preocupación de que sus lectores pudieran alejarse de su dependencia de Cristo y retornar al judaísmo. Eso no hubiera sido preocupación si sus lectores fueran básicamente gentiles. Como escribe un comentarista:

> Los convertidos al cristianismo del paganismo, por otro lado, adoptaron el Antiguo Testamento como su libro sagrado junto con la fe cristiana; si estuvieran tentados a dejar su fe cristiana, el Antiguo Testamento se iría con ella.[1]

Si los gentiles abandonaban su fe, regresarían sin duda alguna a la forma de religión que tenían cuando se convirtieron. No habría razón para temer que adoptarían la religión de los judíos.

El propósito del autor

Es evidente que los destinatarios, predominantemente judíos en su mayoría, nunca habían visto a Jesús en persona (véase Hebreos 2.3). Como resultado de su conversión, enfrentaban intensa oposición. Experimentaban insultos, prisión y hasta la confiscación de sus propiedades (véase Hebreos 10.32-34). A pesar de todo eso, permanecían fieles a la nueva fe que habían hallado.

Pero entonces ocurrió algo que obstaculizó su progreso espiritual. Se desilusionaron con el cristianismo. Empezaron a apartarse (véase Hebreos 2.1). Evidentemente, su tendencia era regresar al judaísmo, en donde sus prácticas religiosas se verían protegidas por Roma.[2]

De modo que el autor de Hebreos se propone en su carta *persuadir a sus hermanos y hermanas a perseverar en la fe.* Empieza indicando la superioridad de Cristo sobre los profetas del Antiguo Testamento, los ángeles e incluso

---

[1] F.F. Bruce, *The Epistle to the Hebrews* [La epístola a los Hebreos], Eerdmans, Grand Rapids, MI, 1964, p. xxvii.
[2] Bruce, *Epistle to the Hebrews* [Epístola a los Hebreos], p. xxx.

Piénselo

Suponiendo, por un momento, que tiene hijos pequeños, ¿disciplinaría usted a un niño que reconoce su autoridad en forma diferente a la del que rehúsa reconocer su derecho de ejercer autoridad?

¿Cuál de los dos, si acaso, recibiría castigo más severo?

Moisés. Luego arguye la superioridad del sacerdocio de Cristo, tanto al de Melquisedec como al de Aarón. De allí, demuestra la preeminencia del nuevo pacto sobre el antiguo. Y concluye su libro animando a sus lectores a permanecer fieles a la luz de quienes habían partido antes que ellos.

Entremezclados dentro de este apretado argumento se hallan cinco pasajes que sirven como advertencia para los que, o bien «se apartan» o «caen» de su fe en Cristo. El autor, en un intento por ser comprensivo, quiere que sus lectores sepan las consecuencias de darle las espaldas al nuevo pacto de Dios, ratificado por medio de la sangre de su Hijo.

Este libro es relevante en nuestra discusión porque estas advertencias *no* son dadas a un grupo de personas que está tratando de dilucidar por primera vez quién es Cristo. En algún punto en el pasado el grupo expresó sincera fe en Cristo. Fueron sinceros lo suficiente como para sufrir. La advertencia en Hebreos se dirige a hombres y mujeres que habían creído. En esa forma su lucha es paralela a la que muchos creyentes experimentan hoy. Pero hay una diferencia significativa por igual.

La cuestión con la cual el grupo trataba *no* era abandonar a Dios y vivir una vida de pecado. El grupo no estaba siendo arrastrado a alejarse de Cristo seducido por los placeres del pecado. Al abandonar el cristianismo, la gente regresaría a una forma de religión que tenía mucho qué decir en cuanto al pecado y sus consecuencias. Muy rara vez he encontrado creyentes que abandonan el cristianismo para entrar en un grupo religioso que exige más de ellos y les da menos libertad. Casi siempre es lo contrario. De esta forma los destinatarios a los cuales se dirigió el libro de Hebreos difiere de la mayoría de las personas que se apartan de la fe.

Los pasajes de advertencia, entonces, tenían el propósito de dirigirse principalmente a quienes estaban abandonando el cristianismo como una forma de vida. Su intención era mostrar las consecuencias de abandonar la fe en Cristo por cualquier otra cosa, sea judaísmo, pecado o alguna otra religión.

Recalco todo eso porque muchas personas usan los pasajes de advertencia en Hebreos como textos de prueba para la idea de que una persona puede perder su salvación al caer en pecado. La preocupación esencial del autor por sus lectores no era la amenaza de que pudieran caer en algún pecado en particular. El autor de Hebreos estaba preocupado que sus destinatarios pudieran alejarse del cristianismo del todo, y retornar al judaísmo; de aquí su énfasis en la superioridad de Cristo y del nuevo pacto.

En los siguientes capítulos veremos lo que el libro de Hebreos enseña en cuanto a la salvación. Luego examinaremos tres pasajes de advertencia que algunas veces se usan para respaldar la noción de que la salvación del creyente puede perderse. Estudiaremos cuidadosamente cada uno, considerando a quiénes el autor los dirigía y por qué.

¿Sabe usted?

1. *¿Cuáles tres razones da el autor para concluir que los judíos cristianos eran los destinatarios primarios de Hebreos?*

2. *¿Cuáles son algunos de los argumentos que el escritor de Hebreos usó para persuadir a sus hermanos y hermanas a perseverar en la fe?*

3. *¿Cómo difiere la gente a la cual se dirigió el libro de Hebreos, de la mayoría de personas que se apartan de la fe?*

4. *¿Qué era lo que preocupaba al escritor de Hebreos si no lograba persuadir a la gente a perseverar en la fe?*

18

Una vez y para siempre

Si el autor de Hebreos no creía en la seguridad eterna, podemos suponer que sería consistente en su punto de vista a través de toda su epístola. Es decir, no diría una cosa en una parte de su carta, y algo diferente más tarde. Una persona no puede creer en la seguridad eterna y no creer en ella al mismo tiempo. Sin embargo, puede creer de una manera y ser mal interpretado, al punto de hacerle parecer como si creyera precisamente lo opuesto.

En varias ocasiones he tomado un periódico y leído una crónica acerca de lo que supuestamente creo o digo con respecto a algún asunto en particular. Los que me conocen admiten de inmediato que se me ha citado por error, o que alguien ha interpretado mal lo que dije. Los que no me conocen pueden comparar lo que leen contra lo que oyen de otras fuentes, afortunadamente, más confiables.

Para lograr un cuadro exacto de lo que el escritor de Hebreos creía en cuanto a la seguridad eterna no podemos limitarnos a unos pocos versículos. Debemos tomar en cuenta el mensaje del libro completo. Aparte del libro de Juan, ningún otro del Nuevo Testamento argumenta tan conclusivamente a favor de la seguridad eterna. En varios lugares el autor afirma que lo que la sangre de animales no podía conseguir (esto es, perdón), la muerte de Cristo lo consiguió. Aún más, lo que antes tenía que repetirse periódicamente, fue hecho una vez y para siempre en el Calvario (véase Hebreos 9.26-27; 10.9-14, 18).

La sangre de toros y machos cabríos

Un pasaje en particular, Hebreos 10.1-18, parece resumir los pensamientos del autor sobre la extensión de nuestra salvación. Compara lo inadecuado del sistema sacrificial con lo que logró la muerte de Cristo. Dice que el continuo sacrificio de animales ofrecido año tras año nunca podía «hacer perfectos» a los que participaban en ellos (véase Hebreos 10.1). «Hacer perfectos» aquí se refiere a la remoción de la culpa, lo cual es el proceso necesario para preparar al hombre para entrar en una relación con el Dios perfecto. Nuestras imperfecciones nos descalifican para una relación con Dios. Sin embargo, el sacrificio de animales no podía borrar esas imperfecciones.

Luego hace una declaración increíble:

> De otra manera cesarían de ofrecerse, pues los que tributan este culto, *limpios* una vez, no tendrían ya más *conciencia de pecado.*
>
> *Hebreos 10.2, énfasis mío*

Al indicar dos cosas inadecuadas del sacrificio animal, el autor nos da una aguda perspectiva de uno de los beneficios del sacrificio de Cristo. Cuando un pecador es finalmente «limpiado» de su pecado, ya no tiene «conciencia de pecado». El término *limpiado* es un verbo que significa «limpiado de una vez por todas».[1] Una persona que ha atravesado este proceso nunca tendría que ser *limpiada* de nuevo. El autor no parece creer que un cristiano puede perder su

---

[1] Homer A. Kent, *The Epistle to the Hebrews* [La epístola a los hebreos], Eerdmans, Grand Rapids, MI, 1972, p. 185. Kent explica el uso del tiempo presente por parte del autor y su significado.

salvación. Si el individuo pierde su salvación, tendría de seguro que ser *limpiado* otra vez.

Pero, ¿qué en cuanto a la idea de que ya no se tiene ninguna «conciencia de pecado»? ¿Significa esto que una persona que experimenta limpieza absoluta ya no se da cuenta del pecado? No. Esta declaración es hecha en contraste con la afirmación que sigue en el versículo 3:

> Pero en estos sacrificios cada año se hace memoria de los pecados[...]

Su punto es que el sacrificio animal era un *recordatorio* anual de la culpa de uno, pero que lo que se necesitaba era un sacrificio que quitara la culpa de una vez y para siempre.

Limpiados una vez y para siempre

Habiendo recalcado lo inadecuado del sacrificio animal, el autor avanza para explicar la suficiencia del sacrificio de Cristo. El mismo logró precisamente lo que la sangre de toros y cabras no podía:

> En esa voluntad somos santificados mediante la ofrenda del cuerpo de Jesucristo hecha una vez para siempre[...] pero Cristo, habiendo ofrecido una vez *para siempre* un solo sacrificio por los pecados, se ha sentado a la diestra de Dios.
>
> *Hebreos 10.10, 12, énfasis mío*

De nuevo el autor usa un tiempo del verbo que denota una acción única con resultados continuos: «hemos sido santificados». Los creyentes han sido santificados; hemos sido apartados; ¡hemos sido limpiados al punto de capacitarnos para entrar en relación con el Dios santo! En el caso de que sus destinatarios no noten la implicación de su selección del tiempo del verbo, el autor de Hebreos lo indica expresamente: *«una vez para siempre un solo sacrificio por los pecados»*. Dos versículos más adelante usa de nuevo la misma frase:

Piénselo

*Si Cristo fue el sacrificio por
el pecado y, sin embargo, en el
momento de su muerte todos sus
pecados (del lector) todavía estaban
por cometerse, ¿cuáles cubrió
la sangre de Cristo?
Desde el punto de vista de la cruz,
¿hubo en realidad alguna
diferencia entre los pecados
que cometió en el pasado y
los que cometerá en el futuro?*

> Porque con *una sola ofrenda* hizo perfectos *para siempre* a los santificados.
>
> *Hebreos 10.14, énfasis mío*

En este pasaje dos cosas son inequívocamente claras. Primero, los cristianos fueron santificados o hechos santos mediante la muerte de Cristo, un proceso que nunca necesita repetirse. Segundo, los que fueron santificados han sido hechos perfectos o su culpa ha sido quitada, *para siempre.* ¡Eso quiere decir para siempre! No es de sorprenderse que el autor continúe su argumento con las siguientes palabras:

> [...] Acerquémonos con *corazón sincero, en plena certidumbre de fe*, purificados los corazones de mala conciencia, y lavados los cuerpos con agua pura. Mantengamos firme, sin fluctuar, la profesión de nuestra esperanza, porque fiel es el que prometió.
>
> *Hebreos 10.22-23, énfasis mío*

Este pasaje es apenas uno de los muchos en el libro de Hebreos que demuestra la confianza del autor en la seguridad del creyente. De nuevo, este punto de vista descansa no sólo en unos pocos versículos, sino en el tono y flujo completo del libro.

Decir que los cristianos pueden perder su salvación es decir que la sangre de Cristo fue *inadecuada* para perfeccionar, para siempre, a quienes Dios ha santificado. Decir eso es igualar su sangre con la de los toros y machos cabríos. Y esta es una ecuación que dudo que muchos seres humanos se sentirían cómodos en afirmar.

Toda nuestra discusión se reduce a esta única pregunta: «¿Fue adecuada la sangre de Cristo?» Durante mi propia lucha con el asunto de la seguridad eterna, esta pregunta solía perseguirme. Sabía entonces, como lo sé ahora, que aceptar su sangre como el pago adecuado por mi pecado resolvía la cuestión de una vez por todas. Por otro lado, decir que su sangre no era adecuada sonaba como blasfemia.

Recuerdo una discusión que tuve con un misionero que no creía que una vez salvo, siempre salvo. Cuando le planteé la pregunta dijo: «Sí, Charles, la sangre de Cristo fue adecuada, pero nosotros también tenemos que hacer nuestra parte». Para él, «nuestra parte» implicaba un andar firme con Dios, lo cual se reducía en realidad a obras.

Él había intentado hacer lo que muchos en el pasado: introducir una tercera alternativa. Pero no hay tercera opción. O bien la sangre de Cristo fue adecuada o no lo fue. *Imponer condiciones a la respuesta afirmativa a esta pregunta es afirmar la negativa.* Si mi salvación depende de la sangre de Cristo y de «mi parte», entonces es claro ver que Su sangre no fue adecuada. Pero nunca he encontrado a alguien que aduzca ser cristiano que reconozca eso. Parece demasiado herético.

Hebreos es claro. La sangre de Cristo fue adecuada para perfeccionar de una vez y para siempre a quienes Dios ha santificado. No necesitamos añadirle nada. *Nuestra parte* es simplemente responder a su amor incondicional con reverencia y obediencia, mientras que descansamos en la seguridad de que nuestra eternidad está segura.

¿Sabe usted?

1. *¿Qué significa la frase* hacer perfectos?
2. *Por qué los sacrificios de animales eran insatisfactorios?*
3. *¿Dice la Biblia que una vez que la persona experimenta limpieza absoluta, ya no se da cuenta del pecado? ¿Qué significa la referencia a la «conciencia de pecado» en Hebreos 10.2?*
4. *¿Cuáles son algunos de los pasajes en Hebreos que demuestran la seguridad de los creyentes?*

19

Primera advertencia: no hay escape

> Por tanto, es necesario que con más diligencia atendamos a las cosas que hemos oído, no sea que nos deslicemos. Porque si la palabra dicha por medio de los ángeles fue firme, y toda transgresión y desobediencia recibió justa retribución, ¿cómo escaparemos nosotros, si descuidamos una salvación tan grande? La cual, habiendo sido anunciada primeramente por el Señor, nos fue confirmada por los que oyeron.
>
> *Hebreos 2.1-3*

Después de una convincente presentación de la superioridad de Cristo con respecto a los ángeles, el autor de Hebreos aprovecha la oportunidad para aplicar esta verdad a las vidas de sus lectores. Empieza con una severa palabra de exhortación, seguida de una advertencia. Sus lectores deben atender «con más diligencia» a las cosas que habían oído. De otra manera, serían proclives «deslizarse».

Lo que sigue es una descripción corta, sin detalles, de las consecuencias de *deslizarse*. Este recuento de lo que ocurre una vez que la persona se desliza, ha hecho que algunos duden del concepto de la seguridad eterna. Interpretan como que el autor está amenazando a sus lectores con la pérdida de la salvación si se deslizan alejándose de la verdad.

Deslizarse

El autor se dirige a sus destinatarios como un maestro a sus estudiantes. El término *deslizarse* literalmente se refiere a algo arrastrado por una corriente de agua o de aire. Pero aquí el autor lo usa en la manera en que el maestro usaría el término al referirse a un estudiante cuya atención se ha alejado del tema o materia, o a un atleta cuya dedicación al deporte se ha desvanecido debido a que su atención se ha alejado hacia algún otro proyecto.

El término *deslizarse* implica un proceso lento, gradual. El autor se dio cuenta de que algo estaba compitiendo por la atención de sus destinatarios. Ellos tenían el potencial de perder el interés en las cosas que tenían que ver con la salvación por medio de Cristo. Como un maestro que nota que un estudiante está absorto mirando por la ventana, el autor dice con firmeza: «¡Pongan atención!»

La comparación

Todo maestro sabe que para que la advertencia sea eficaz debe haber un «o de lo contrario». Para tomar seriamente la advertencia, el estudiante debe saber las consecuencias de ignorar las exigencias de su superior. El autor de Hebreos afirma su «o de lo contrario» en forma de comparación. Compara las consecuencias de ignorar «la palabra dicha por medio de los ángeles» con las consecuencias de ignorar el mensaje del mismo Cristo. Parafraseado sería: «Si ustedes piensan que fue malo para quienes ignoraron el mensaje de Dios cuando les fue comunicado por medio de ángeles, ¡imagínense cómo será para los hombres y mujeres que ignoran un mensaje que viene directamente de su Hijo!»

La «palabra» hablada por medio de los ángeles se refiere con toda probabilidad a la ley del Antiguo Testamento.[1] El

---

[1] Homer A. Kent, *The Epistle to the Hebrews* [La Epístola a los Hebreos], Eerdmans, Grand Rapids, MI, 1972, p. 185. Kent presenta evidencia substancial para este punto de vista, incluyendo

autor argumenta que si la ley, que vino por medio de ángeles, había delineado claramente los castigos para los que desobedecían, ¿cuán más grande castigo debía haber por desobedecer los mandamientos del Hijo de Dios? Aumenta el peso de su advertencia al apuntar a las medidas adicionales que Dios tomó para validar la verdad del mensaje de Cristo:

> Testificando Dios juntamente con ellos, con señales y prodigios y diversos milagros y repartimientos del Espíritu Santo según su voluntad.
>
> *Hebreos 2.4*

O de lo contrario...

El autor de Hebreos es algo vago en este punto. Hace grandes esfuerzos por enfatizar que habrá un castigo por descuidar el mensaje de Cristo, pero no explica cual. Una de tres cosas es cierta: No sabía lo qué ocurriría; lo sabía pero no quería decirlo; o daba por sentado que sus lectores ya lo sabían.

Si su meta era motivar a un cuerpo vacilante de creyentes, un grupo al cual conocía en personal y por el que se interesaba grandemente, y sabía que el castigo por deslizarse era la pérdida de la salvación, seguro que lo habría indicado expresamente: en realidad, no era un buen tiempo para dejarlos a la ventura. Y ¿qué podría ser más motivador que la potencial pérdida de la salvación de uno? Sin embargo, el autor simplemente indica: «¿Cómo escaparemos?» ¡sin decirnos con exactitud de qué no escaparemos!

Peras y manzanas

Hay otra razón por la cual este pasaje no puede referirse a la pérdida de la salvación del creyente. El autor está comparando el castigo por quebrantar la ley mosaica con el

---

información para respaldar la noción de que tal punto de vista era generalmente aceptado entre los judíos del primer siglo.

Piénselo

*El hombre no se desliza de la salvación.
¿Tiene realmente sentido
que pueda deslizarse
fuera de ella?*

castigo por «deslizarse» del mensaje de Cristo. La ley no tenía nada que ver con la salvación de la persona. Quebrantar la ley en ninguna manera ponía en peligro la seguridad eterna de uno. Los castigos por violar la ley mosaica fueron todos de naturaleza temporal. La ley fue dada al pueblo de Dios —el pueblo de fe— como una norma por la cual conducir sus asuntos diarios. Junto con los «así harás» y «así no harás» hay una detallada lista de «o de lo contrario». Como el escritor de Hebreos indica: «toda transgresión y desobediencia recibió justa retribución» (2.2).

El hombre que violaba alguna parte de la ley sabía exactamente el castigo que debía esperar; estaba allí para que todo el mundo lo leyera. Los castigos iban desde pagar una multa hasta perder la vida. Todo dependía de la severidad del crimen. En ninguna parte, sin embargo, puso la ley en cuestionamiento del destino eterno del hombre. El hombre no ganaba el cielo por guardar la ley, ni lo perdía por quebrantarla.

Quienes usan este pasaje para respaldar un argumento en contra de la seguridad eterna, yerran por completo el punto del autor. Él está advirtiendo a los que creen. Así como los creyentes en el Antiguo Testamento eran castigados cuando se «deslizaban» o desobedecían la ley, así los creyentes del Nuevo Testamento serán igualmente castigados ¡sólo que con más vigor! ¿Por qué? Porque la revelación por la que somos responsables vino directo del Hijo. No hay ni la menor implicación que indique la pérdida de la salvación. No hay mención del cielo, ni del infierno, ni del juicio, ni de ninguna de las otras cosas asociadas con el destino eterno del hombre.

¡Nadie escapa!

En estos cuatro versículos el autor trata de un principio importante en extremo. Es lamentable, pero el debate que los rodea hace que muchas personas yerren el significado que intentaba decir el escritor. Como pastor, he visto este principio obrando vez tras vez. Como cristiano, he visto este principio obrando en mi vida. Cuando un creyente empieza a deslizarse alejándose de las enseñanzas de Cristo, es sólo cuestión de tiempo para que la mano amorosa, y sin embargo firme, de Dios obre para llamarle la atención. Nadie «escapa». Para algunos, puede llevar años; para otros, días.

De tiempo en tiempo individuos, y algunas veces familias, dejan de asistir a los cultos. Unos meses más tarde los veo de regreso en su ambiente regular. Otras veces los visito simplemente para hacerles saber qué contento estoy de verlos de regreso en la iglesia, y preguntarles si algo ocurrió en ella que les hizo dejarla. Me sorprende cuán a menudo oigo algo parecido a: «Bueno, en realidad nada pasó. Pienso que simplemente como que nos deslizamos y nos alejamos por un tiempo. Pero ya hemos regresado». En cada caso, Dios intervino para llamarles la atención.

Dios usa varios medios para meter a sus hijos en cintura: enfermedades, accidentes, sermones, cantos, confrontación de parte de un amigo, la pérdida de un ser querido. Algunas veces viene en forma de una tragedia inesperada. Otras ocasiones son sólo las consecuencias de cualquier pecado en el que hayan caído. Haríamos mucho mejor en prestar atención a la advertencia del escritor, y atender «con más diligencia» a lo que hemos oído, porque todos tenemos el potencial para deslizarnos y alejarnos. Y ninguno de nosotros escapará de las consecuencias.

¿Sabe usted?

1. *¿Cuáles podrían ser las razones por las que el escritor de Hebreos no explica el castigo que habrá por descuidar el mensaje de Cristo?*
2. *¿Por qué es improbable que el castigo sea la pérdida de la salvación?*
3. *¿Cómo interpreta el autor la frase «¿cómo escaparemos?»*
4. *¿Cuáles son algunos de los medios que Dios usa para meter a sus hijos en cintura?*

20

Segunda advertencia: recaer

> Porque es imposible que los que una vez fueron iluminados
> y gustaron del don celestial, y fueron hechos partícipes del
> Espíritu Santo, y asimismo gustaron de la buena palabra de
> Dios y los poderes del siglo venidero, y recayeron, sean otra
> vez renovados para arrepentimiento, crucificando de nuevo
> para sí mismos al Hijo de Dios y exponiéndole a vituperio.
>
> *Hebreos 6.4-6*

Como ya mencionamos anteriormente, este pasaje es usado, quizás más que cualquier otro, para respaldar la idea de que la salvación se puede perder. A primera vista estos versículos parecen respaldar en efecto tal opinión. Pero, desafortunadamente, para quienes no creen en la seguridad eterna, parecen ir un paso más allá de lo que ellos creen.

Si el tema de este pasaje es la salvación, ¡los creyentes que «recayeron» nunca podrán ser salvos otra vez! No hay segunda oportunidad. En las palabras del autor, «es imposible que[...] sean otra vez renovados para arrepentimiento».

La enseñanza tradicional arminiana siempre ha provisto al hombre y a la mujer una oportunidad de nacer otra vez, y otra vez y, a propósito, otra vez, y así sucesivamente. Pocos creen que esa salvación puede perderse y nunca recuperarse.

Verdaderos creyentes

Algunos comentaristas aseveran que este pasaje se refiere a aquellos que han sido expuestos a la verdad cristiana pero nunca se convirtieron genuinamente. Si ese fuera el caso, representaría poco problema. Me parece sin embargo, que el escritor va más allá de lo necesario para asegurarse que el lector entiende que las personas que está describiendo son en verdad creyentes nacidos de nuevo.

Los individuos «fueron iluminados». El autor usa este mismo término de nuevo en el capítulo décimo, en donde claramente lo usa para referirse a creyentes (véase Hebreos 10.32). La consistencia abona para que la referencia en el capítulo sexto se refiera de igual forma a creyentes.

La expresión «gustaron del don celestial» usa el término *gustar* en manera de denotar «experimentaron». Un comentarista escribe:

> El verbo en sí mismo no significa simplemente probar muestras, sino una experiencia real, como certifica su uso en Hechos 10.10. El escritor de Hebreos ya ha usado «gustar» en el sentido de experimentarlo en 2.9, en donde Jesús «gustó» la muerte. Con seguridad el significado es que realmente la experimentó.[1]

He aquí algunas opiniones acerca de qué es en realidad el «don celestial». Algunos dicen que es la salvación, otros que es el Espíritu Santo y aun otros que es el perdón. Independientemente de a qué se refiera, los individuos tuvieron una dosis real de ello; habían experimentado el don celestial.

Quizás el argumento más fuerte para que estas personas sean genuinos cristianos es la siguiente afirmación del autor: «[...] y fueron hechos partícipes del Espíritu Santo». Anteriormente en Hebreos el autor habla de que sus destinatarios eran «participantes del llamamiento celestial» y «participantes de Cristo». En estas instancias parece no

---

[1] Homer A. Kent, *The Epistle to the Hebrews* [La Epístola a los Hebreos], Eerdmans, Grand Rapids, MI, 1972, p. 108.

haber duda de que se refiere a auténticos cristianos. De nuevo, la consistencia exigiría que el uso de «partícipes» en el capítulo 6 se refiera a personas que habían experimentado la presencia del Espíritu Santo morando en ellos.

De nuevo, el autor usa el término *gustaron*. Esta vez, sin embargo, los objetos son más claramente definidos: «Y asimismo gustaron de la buena palabra de Dios y los poderes del siglo venidero». Los individuos en consideración habían experimentado, hasta cierto grado, la Palabra de Dios y habían visto el poder de Dios demostrado en sus vidas. ¿No son estas, en primer lugar, experiencias de los creyentes?

Si las personas «recayeron», es imposible que «sean otra vez renovadas para arrepentimiento». Se entiende que «recaer» quiere decir alejarse de Cristo. No es claro si el autor tiene en mente un abandono súbito de la fe, o un deslizarse gradual según advierte anteriormente (véase Hebreos 2.1). De cualquier manera, los individuos pierden toda esperanza de llegar algún día al cielo. Pierden la salvación.

La preocupación del autor

A medida que nos internamos en estos versículos, tenga presente que la gente a quienes se dirigían son principalmente cristianos judíos. El temor del autor no era que ellos le dieran, de manera consciente, las espaldas a Dios y cayeran en pecado. Su temor era que se alejaran conscientemente de Cristo, y sin saberlo le dieran también las espaldas a Dios. Hay mucho más en juego que lo que sus lectores se daban cuenta. Ellos tenían la impresión de que podían regresar a su forma antigua de vida, incluyendo su forma original de adoración. Pensaban que regresarían al Dios de sus padres. El autor de Hebreos, sin embargo, sabía que en realidad estaban abandonando a ese Dios.

En los capítulos restantes de Hebreos, usted puede sentir la intensidad con que el autor escribe. Quiere desesperadamente que sus lectores capten quién es el Cristo, el Sumo

Piénselo

Si Hebreos 6.6 está hablando acerca de renovar la salvación de una persona, ¿no enseña este pasaje que una vez que la persona pierde su salvación, nunca puede recuperarla?

Si ese es el caso, ¿no estamos haciéndoles un débil servicio a los niños al animarles a que nazcan de nuevo? ¿No deberíamos esperar hasta que sean mucho mayores, para aminorar la posibilidad de que recaigan durante su adolescencia, y pierdan así su salvación para siempre?

Sacerdote final, el sacrificio de una vez y para siempre por el pecado.

La advertencia

«Recaer» claramente implica apostasía; el escritor estaba describiendo el dilema de la gente que había llegado tan lejos como para abandonar por completo la fe. Entre tanto que la mayoría de su audiencia todavía no estaba en ese punto (véase Hebreos 6.9), el autor sentía la necesidad de informarles a dónde se dirigían.

Las personas descritas en estos versículos eran cristianos genuinos, nacidos de nuevo. Como seguidores de Cristo, habían experimentado la vida cristiana en su sentido más amplio. Habían visto el poder de Dios obrando en sus vidas y en las de otros. Entonces, por alguna razón inexplicable, habían empezado a dudar de las declaraciones de Cristo. Eso continuó hasta que al final le dieron la espalda a todo lo que una vez habían abrazado, y regresaron al judaísmo.

Arrepentimiento

De acuerdo al autor de Hebreos, es imposible «volverlos a llevar» (NVI) al arrepentimiento a quienes están en este estado. El autor señala la imposibilidad de que fuerza externa alguna pueda hacerlos cambiar de opinión: estaban más allá del convencimiento.

Es igual de importante notar lo que el autor omite. Él no dice que los individuos no pueden ser perdonados o restaurados a la *salvación*.[2] La cuestión aquí es arrepentirse. El arrepentimiento tiene que ver con cambiar la mente. El Dr. Ryrie, en su excelente libro *So Great Salvation* [Una salvación tan grande], tiene esto para decir sobre el arrepentimiento:

---

[2] *The Expositors Bible Commentary, Hebrews* [Comentario bíblico del expositor, Hebreos], vol. 12, Zondervan, Grand Rapids, MI, 1981, p. 55.

Tanto en el Antiguo como en el Nuevo Testamentos *arrepentimiento* significa «cambiar de mente», o «cambiar de opinión». Pero debe hacerse la pregunta: ¿Con respecto a qué cambia usted su mente? Responder a esa pregunta enfocará el significado en el cambio en particular involucrado[...] *Primero,* puede ser arrepentimiento que no tiene relación con la salvación eterna, o por lo menos no resulta en salvación[...] *Segundo,* hay arrepentimiento que conduce a la salvación[...] Una *tercera* categoría de usos de la palabra *arrepentirse* tiene que ver con el arrepentimiento dentro de la experiencia de la vida cristiana.[3]

Es un error dar por sentado que el autor tiene la salvación en mente aquí, sólo porque usa el término *arrepentimiento.* El contexto obliga a una comprensión totalmente distinta. Poniéndolo más sencillo, quienes solían pensar de cierta manera con respecto a Cristo, pero ahora piensan en otra manera con respecto a Él están más allá de toda posibilidad de que se les convenza; su mente no puede cambiar.

Para ilustrar este punto todavía más, piense por un momento en la cristiana más consagrada que conozca. Ahora imagínese que esta persona abandonó la fe, y a usted se le dio la responsabilidad de convencerle de que regrese a Cristo. ¿Qué le diría? Ella sabe todos los versículos. Ha visto y ha experimentado lo que Dios puede hacer en una vida. Ya ha oído las historias de guerra de lo que les ocurre a las personas que viven apartados de Cristo. Sin duda alguna ya ha participado en suficiente asesoramiento como para adivinar a dónde pretenden conducirla sus preguntas. ¿Qué haría usted? ¿Qué podría hacer que realmente produzca alguna diferencia?

Hace algunos años me llamó un amigo que vive en otra ciudad para pedirme ayuda para su iglesia. Su pastor se había enredado románticamente con una mujer de su iglesia.

---

[3] Charles C. Ryrie, *So Great Salvation* [Una salvación tan grande], Victor Books, Wheaton, IL, 1989, pp. 92-99. En estas páginas el Dr. Ryrie da ejemplos escriturarios de los tres usos del término *arrepentimiento.*

Cuando el amorío salió a la luz, este pastor renunció a su iglesia, y anunció que se divorciaría de su esposa y se casaría con su amiguita. «Dr. Stanley», dijo mi amigo, «yo creo que él lo escucharía a usted. ¿Vendría a visitarlo?» Yo sabía que tenía que ir.

Entré en la oficina de este pastor sin anunciarme y tomé asiento. Él se sorprendió mucho al verme. Ninguno de nosotros dijo nada por varios minutos. Él sabía por qué estaba yo allí. En realidad yo no tenía ninguna opción. Pero para mí era más que claro que no había nada que pudiera decir que él no lo supiera ya. Él sabía lo que Jesús dice en cuanto al divorcio. Él sabía en cuanto al tribunal de Cristo. Él había oído abundantes testimonios de cómo la gracia de Dios puede sanar un matrimonio. Él había hablado con pastores que habían salido del ministerio sólo para lamentarse luego. Sabía los efectos que sus acciones tendrían sobre sus hijos. Él había leído todos los libros correctos, escuchado las cintas correctas, y hecho la exégesis de todos los versículos pertinentes. Sin embargo, su decisión seguía firme. Me quedé como por diez minutos. No lamento haber ido. Pero no sirvió de nada. Dejó a su esposa y se casó con la otra mujer. Nada ni nadie pudiera haberle hecho *cambiar de opinión* en cuanto a su matrimonio y su ministerio. Su decisión estaba tomada. Estaba más allá de la posibilidad de convencerle.

Así era con los judíos a quienes se refiere el escritor de Hebreos. No había nada que decirles. Su decisión ya estaba tomada. Habían visto ambos lados de la cuestión y decidido regresar al judaísmo, sin darse cuenta de que estaban dándole la espalda al mismo Dios a quien intentaban retornar.

La razón del porqué

En la segunda mitad del versículo 6 el escritor nos dice por qué estas personas ya no podían ser traídas de vuelta al arrepentimiento:

[...] Crucificando de nuevo para sí mismos al Hijo de Dios y exponiéndole a vituperio.

El gerundio lleva fuerza causal. La Nueva Versión Internacional dice: «porque vuelven a crucificar, para su propio mal, al Hijo de Dios»; lo cual comunica apropiadamente la idea del escritor.

Al darle las espaldas a Cristo, estos judíos estaban en esencia concordando con los que habían hecho arrestar a Jesús y finalmente lo habían hecho matar. Si Él no era el Cristo y en realidad lo pensaban, era un falso Cristo y merecía morir. La frase «para sí mismos» es la manera en que el autor destaca la actitud del grupo. En lo que a ellos concernía, Jesús merecía morir.

Puesto que en algún momento habían profesado públicamente a Cristo como su Salvador, y por tanto, su Mesías, su negación pública traería vergüenza para quienes mantenían su fe en Cristo. Los que estaban fuera concluirían que no debe haber mucho en el cristianismo, si aquellos, que una vez dijeron que creían, cambiaban de opinión y se regresaban a su religión anterior.

La gracia más sublime

Si uno toma con seriedad el contexto original de las declaraciones del escritor, es claro que esta solemne advertencia de ninguna manera amenaza la seguridad del creyente. En realidad, es evidencia *en pro* de ella. Si un judío, que esperaba la venida del Mesías, podía hallar salvación por medio de Cristo, y luego alejarse de Él sin la amenaza de perderla, ¿qué tenemos que temer el resto? Ningún otro grupo tenía mayor revelación con respecto a la venida del Mesías. Toda su cultura se centraba en la ley de Dios, y en sus promesas acerca de la salvación final del pecado. Para un judío confrontar las proclamaciones de Cristo, y aceptarlas por un tiempo y luego abandonarlas parecería inconcebible.

Pero nuestros caminos no son sus caminos, ¡y gracias a Dios que no lo son!

El escritor de Hebreos ofrece una advertencia seria. Es peligroso que un creyente le dé las espaldas a Cristo. Hacerlo es correr el riesgo de alejarse más allá del punto de retorno, no de retorno a la salvación, sino un retorno a la comunión con el Salvador.

¿Sabe usted?

1. ¿Qué es lo que quiere decir el escritor de Hebreos cuando usa el término *recayeron*? ¿Qué implica el término?
2. ¿Cuáles son las tres categorías del uso de la palabra *arrepentimiento* de las que habla Charles Ryrie?
3. ¿Se ve amenazada la seguridad de los creyentes por su recaída?
4. ¿Por qué es peligroso que los creyentes le den la espalda a Cristo?

21

Tercera advertencia:
no más ofrenda

Porque si pecáremos voluntariamente después de haber recibido el conocimiento de la verdad, ya no queda más sacrificio por los pecados, sino una horrenda expectación de juicio, y de hervor de fuego que ha de devorar a los adversarios. El que viola la ley de Moisés, por el testimonio de dos o de tres testigos muere irremisiblemente. ¿Cuánto mayor castigo pensáis que merecerá el que pisoteare al Hijo de Dios, y tuviere por inmunda la sangre del pacto en la cual fue santificado, e hiciere afrenta al Espíritu de gracia? Pues conocemos al que dijo: Mía es la venganza, yo daré el pago, dice el Señor. Y otra vez: El Señor juzgará a su pueblo. ¡Horrenda cosa es caer en manos del Dios vivo!

Hebreos 10.26-31

Aislada de su contexto, esta severa advertencia puede ser fácilmente interpretada como enseñando la posibilidad de que alguien pueda perder su salvación. Después de todo, dice clara y abiertamente que no hay provisión para el pecado de quienes continúan pecando después de recibir el conocimiento de la verdad. Aún más, pueden esperar feroz juicio. Aislado, de igual forma, este pasaje en verdad presenta un problema para nuestra tesis.

Se va, se va, se fue

Por causa del argumento, supongamos por el momento que esta sea la interpretación apropiada de este pasaje. Varias preguntas afloran de inmediato. Por ejemplo, si lo tomamos tal como se lee, sin asignarle calificación como muchos lo hacen, cualquier pecado voluntario o intencional que cometamos después de recibir la verdad elimina la posibilidad de que seamos perdonados. Después de todo, si el perdón viene por medio de un sacrificio por el pecado, y ya no hay más sacrificio por él, no hay ya perdón.

Alguien pudiera argüir: «Este pasaje se aplica solamente a aquellos cuyo estilo de vida se caracteriza por el pecado». En otras palabras, todavía subsiste un sacrificio por el pecado si hay tan solo unos cuantos pecados, y están esparcidos en un período de tiempo. El problema que surge con esto es doble. Primero, no hay nada en el texto griego que justifique una traducción que implique que el autor tiene en mente aquí *un estilo de vida*. El pasaje dice con claridad: «[...] si pecáremos voluntariamente[...]».[1] De nuevo, cualquiera que peca voluntariamente, no puede esperar otro sacrificio por los pecados.

Segundo, la Biblia nunca hace distinción entre los pecados por los cuales la muerte de Cristo pagó. Si hay un sacrificio por unos pocos pecados, ¿por qué no un sacrificio por todos los pecados que comete un cristiano? El punto del autor es claro. No hay más sacrificio por los pecados de ninguna clase y de nadie. Él escribe:

> Pero Cristo, habiendo ofrecido una vez para siempre un solo sacrificio por los pecados, se ha sentado a la diestra de Dios, de ahí en adelante esperando hasta que sus enemigos sean puestos por estrado de sus pies; porque con una sola ofrenda hizo perfectos para siempre a los santificados.
>
> *Hebreos 10.12-14*

[1] *The Bible Knowledge Commentary* [Comentario de conocimiento bíblico], «NT», Walvoord y Zurk, Victor Books, Wheaton, IL, 1983, p. 805.

Jesús ya no está en el negocio de los sacrificios. Él está esperando, sentado al lado de su Padre. La próxima vez que se ponga de pie, asumirá el papel de juez, no de cordero. Si este pasaje enseña que el pecado voluntario resulta en la pérdida de la salvación, entonces también enseña que la salvación se pierde por un solo pecado voluntario. Aún más, una vez que se pierde, se pierde para siempre, porque ya no hay más sacrificio por el pecado.

Aquellos que usan estos pasajes para validar su negación de la seguridad eterna rara vez llevan sus interpretaciones a su conclusión lógica. Nunca me he encontrado con alguien que crea que el cristiano puede perder su salvación *una vez y para siempre* por un solo pecado voluntario.

Punto de vista número dos

El pasaje empieza con la palabra *porque*, la cual lo relaciona con lo que lo precede inmediatamente. En los versículos que conducen a esta advertencia, el autor anima a sus lectores a perseverar en su compromiso a Cristo, a la luz de todo lo que Él ha hecho por ellos. El autor hace dos declaraciones particularmente importantes en esta sección:

> Acerquémonos con corazón sincero[...] purificados los corazones de mala conciencia, y lavados los cuerpos con agua pura.
>
> *Hebreos 10.22*

Y luego:

> Mantengamos firme, sin fluctuar, la profesión de nuestra esperanza, porque fiel es el que prometió.
>
> *Hebreos 10.23*

A continuación de estos versículos, aplica los principios que contienen:

> Y considerémonos unos a otros para estimularnos al amor y a las buenas obras; no dejando de reunirnos, como algunos

Piénselo

*Si ya no hay más sacrificio
por los pecados, y si el sacrificio
por ellos tuvo lugar en el Calvario,
¿por cuáles de sus pecados se hizo
el sacrificio?*

tienen por costumbre, sino exhortándonos; y tanto más, cuanto veis que aquel día se acerca.

Hebreos 10.24-25

El «día» que él menciona es la segunda venida de Cristo.

Las preguntas lógicas después de estas palabras de exhortación y estímulo serían: Pero, ¿qué tal si vacilamos? ¿Qué tal si no persistimos hasta el final? ¿Qué pasará si nos apartamos del compañerismo y de la congregación? Considerando esas preguntas de antemano, el autor describe exactamente lo que podían o no esperar.

Grandes expectaciones

Recuérdese, los destinatarios de la carta son, en primer lugar, judíos. Toda su vida habían esperado por un mesías. Uno que vendría y quitaría sus pecados. Uno que establecería un nuevo pacto, un pacto tan poderoso que como resultado Dios perdonaría sus pecados para siempre (véase Hebreos 10.17).

En tanto que hoy miramos a la cruz en retrospectiva para el perdón, estos hombres y mujeres tenían el hábito de mirar hacia adelante por el perdón. Cuando pecamos, estamos agradecidos de que Cristo nos ha perdonado. Cuando ellos pecaban, confiaban esperanzados en que el Mesías vendría un día y les perdonaría. Como puede imaginar, esto habría sido un hábito difícil de romper. El hecho de que nunca habían visto a Cristo, ni le habían oído enseñar, lo haría especialmente difícil.

Siguiendo con su tema de Cristo como el Mesías, el autor de Hebreos aprovecha la oportunidad para recordar a sus lectores una vez más que el sacrificio que habían estado esperando ya había tenido lugar. Parafraseando sería: «Si ustedes pecan voluntariamente, recuerden que el próximo acontecimiento en el calendario es un encuentro no con Cristo el Salvador, sino con Cristo el Juez».

La declaración: «ya no queda más sacrificio por los pecados», no tiene la intención de ser negativa. El escritor dice lo mismo en el versículo 18. Allí el modo del texto es claramente positivo. Son buenas noticias. Las malas son que Dios no gusta de los que se dan por vencidos.

Fuego

De inmediato el versículo 27 trae a la mente 1 Corintios 3. Una vez más un escritor bíblico usa el juicio venidero como una motivación para la vida piadosa. La imagen del fuego no es nueva ni inapropiada aquí, porque el cristiano será probado por fuego. Nótese, también, que el fuego aquí está conectado no con el castigo, sino con el juicio.[2]

En este punto el autor aprovecha el conocimiento extensivo que poseían sus destinatarios de la ley, para ilustrar la severidad de este juicio. En esencia dice: «Si ustedes piensan que era malo para quienes despreciaban la ley, ¡imagínense cuán malo será para quienes menosprecian al Hijo de quien dio la ley!»

En el versículo 29, el autor expone el pecado voluntario del creyente por todo lo que es. Sin duda alguna sus lectores quedaron sorprendidos al leer esta descripción. Como nosotros, habían pasado por alto las implicaciones de su pecado. No se habían dado cuenta del insulto a la gracia de Dios y a la sangre de Cristo que cada pecado conlleva. Ahora entenderían la severidad del juicio venidero. Ellos estaban empezando a comprender las implicaciones de ser creyentes posteriores a la cruz. Era una cosa pecar sabiendo que un día vendría el Mesías y quitaría el castigo del pecado y otra completamente diferente, pecar después de que el castigo había sido pagado.

---

[2] En los pasajes que tratan sobre el juicio de los inconversos, el fuego casi siempre se asocia con su castigo pero no con su juicio (véase Apocalipsis 20.11-15; 21.7-8). Parece incorrecto decir que los inconversos son juzgados por fuego.

Muchos castigos son peores que la muerte. Esta verdad es en verdad fácil de comprender cuando pensamos en términos de la eternidad. Todo el mundo va a morir; incluso los justos mueren. Comparecer ante el tribunal de Cristo y ver nuestras obras reducidas a cenizas será «mayor castigo» que la muerte (Hebreos 10.29). Para los creyentes que viven para sí mismos, con poco o ningún pensamiento de las cosas de Dios, será cierto que «¡Horrenda cosa es caer en manos del Dios vivo!»

Un vistazo al futuro

Quienquiera que rotuló este pasaje como una advertencia estaba en lo correcto. Sin embargo, no es una advertencia a los creyentes con respecto a que su salvación corre peligro. El contexto y los detalles del texto descartan eso como una interpretación válida.

El autor de Hebreos está advirtiendo a sus lectores judíos con respecto a las consecuencias de la desobediencia voluntaria a Cristo. No pueden más justificar su pecado a la luz del Mesías que vendría. Él ya había venido. En su próximo encuentro con el Mesías, Él estará como juez que dicta decisiones basadas en el nuevo pacto.

Este pasaje se yergue igualmente como una severa advertencia a los creyentes no judíos de hoy. Se nos recuerda que cada momento y cada decisión cuenta. Nada pasa desapercibido. Y para quienes piensan que pueden escaparse con algo, recuerden estas palabras: «¡Horrenda cosa es caer en manos del Dios vivo!»

¿Sabe usted?

1. ¿Qué es lo que el escritor de Hebreos quiere decir con la declaración «ya no queda sacrificio por los pecados?»
2. ¿Es posible perder la salvación una vez y para siempre por un solo pecado voluntario?
3. ¿Qué castigo podría ser «mayor castigo» que la muerte?
4. ¿Cómo continúa el pecado insultando a la gracia de Dios y a la sangre de Cristo?

22

¿Tiene Dios un borrador?

El que venciere será vestido de vestiduras blancas; y no borraré su nombre del libro de la vida.

Apocalipsis 3.5

Con frecuencia se cita este pasaje para arrojar dudas sobre la doctrina de la seguridad eterna. El argumento se expresa más o menos así:

- La Biblia enseña que los nombres de los que vencieren no serán borrados del libro de la vida.
- Ningún creyente es un vencedor.
- Por consiguiente, quienes no vencen corren el riesgo de que sus nombres sean borrados del libro de la vida.
- Si es imposible que el nombre de alguien sea borrado, ¿cuál es el punto de decir a un grupo particular que sus nombres no serán borrados?
- Además, David oró que los nombres de sus enemigos fueran borrados del libro de la vida (véase Salmo 69.28).

En la superficie este argumento parece ser fuerte a favor de quienes creen que la salvación se puede perder. Empezaremos nuestra investigación de esta línea de razonamiento mirando primero a lo que el Nuevo Testamento tiene para decir concerniente al libro de la vida. Luego examinaremos la oración de David en el Salmo 69.

¡Felicitaciones!

Es lamentable que este pasaje en Apocalipsis se haya convertido en foco de controversia. El resultado ha sido una fijación en lo que el versículo *no* dice, en lugar de recalcar lo que sí dice. Este versículo nunca tuvo la intención de ser una advertencia. Dentro de su contexto no hay nada negativo o de presagio en estas palabras. En realidad, hace una fuerte declaración a favor de la seguridad eterna. Es un pasaje de estímulo y elogio.

Los comentarios se dirigen a un grupo de creyentes fieles de la iglesia en Sardis. Al contrario de la mayoría de personas en su congregación, este puñado de miembros había permanecido sin contaminarse con el mundo que le rodeaba. El versículo en cuestión contiene el elogio de Cristo a este grupo por su andar consistente.

Asegurar, en base a lo que se dice aquí, que Dios borrará nombres del libro de la vida, es leer en el texto un concepto que claramente no existe. En el mejor de los casos, es un argumento en pro del silencio, porque el versículo sólo dice: «[...] y no borraré su nombre del libro de la vida».[1] Si esta afirmación crea dudas en algunos con respecto a la seguridad eterna, harían bien en buscar en las Escrituras algunas respuestas. Pero *basar* las mismas en este versículo es

[1] Algunos han argumentado que Juan emplea una figura del lenguaje conocida como *litote*, esto es una declaración secundaria en la cual se expresa una afirmación mediante la negación de lo contrario. Un moderno ejemplo de esto sería cuando un entrenador de béisbol le dice a un jugador que acaba de lograr un jonrón con las bases llenas: «Pues, bien, hijo; me parece que no eres un mal jugador». El entrenador sólo está elogiando a su jugador estrella. Para parafrasear lo que Juan está tratando de enfatizar en 3.5: «Ustedes que han permanecido fieles, en realidad, no tendrán sus nombres borrados; por el contrario, serán presentados por nombre ante el Padre».

Zane Hodges cita a Hebreos 6.10 y Apocalipsis 2.11 como otros ejemplos de litote. Véase *Grace in Eclipse* [Gracia en eclipse], pp. 109-110.

adoptar un método de estudio que tiene el potencial de conducir a toda clase de conclusiones problemáticas.

Primer tiraje

El apóstol Juan se refiere al «libro de la vida» otras cinco ocasiones en Apocalipsis.[2] De dos de estos pasajes se hace evidente que no creía, en realidad, que los nombres pudieran ser borrados:

> Y la adoraron todos los moradores de la tierra cuyos nombres no estaban escritos en el libro de la vida del Cordero que fue inmolado desde el principio del mundo.
>
> *Apocalipsis 13.8, énfasis mío*

> [...] Y los moradores de la tierra, aquellos cuyos nombres no están escritos *desde la fundación del mundo* en el libro de la vida, se asombrarán[...]
>
> *Apocalipsis 17.8, énfasis mío*

En estos pasajes Juan nos informa acerca del tiempo cuando quedó lleno el libro de la vida. Esta información nos viene como sorpresa. Sin ella, lo que suponemos sería que cuando los hombres y mujeres ponen su confianza en Cristo, en ese momento sus nombres son añadidos. Pero ese no es el caso, de ninguna manera. El libro de la vida ha estado completo desde la fundación del mundo.

Por «mundo» Juan no quiere decir la «tierra». En ambos pasajes aparecen «tierra» y «mundo». Estas son dos formas diferentes de palabras griegas. La que se traduce como «tierra» significa precisamente eso: este globo terráqueo en que vivimos. La palabra griega que se traduce «mundo» es *cosmos*, de la cual procede el mismo término en español.

---

[2] Con respecto a las opciones textuales en Apocalipsis 22.10, estoy de acuerdo con los editores de la BA y de la NVI que escogieron la traducción «el árbol de la vida» en lugar del «libro de la vida». Otros versículos en Apocalipsis que se refieren al «libro de la vida» son 3.5; 20.12, 15; 21.27.

Piénselo

*¿Tiene algún sentido decir
que la salvación se ofrece
como una solución a nuestro
pecado, y a la vez enseñar que
se puede perder también a
consecuencia de nuestro pecado?*

Juan usa el vocablo «mundo» aquí para referirse al universo entero (véase Juan 1.3; Hechos 17.24). A la luz de las limitaciones científicas del día de Juan, podría bien ser una referencia a todas las cosas creadas. De cualquier manera, su punto es el mismo: *El libro de la vida fue llenado antes de que el primer sujeto siquiera naciera.*

Si ese es el caso, el preconocimiento de Dios tiene mucho que ver con quién consta allí y quién no. En forma anticipada a la muerte de Cristo en favor del hombre, Dios escribió el nombre de aquellos que Él sabía desde la eternidad pasada que aceptarían la oferta de su gracia. El apóstol Pablo tenía la misma idea cuando escribió:

Según nos escogió en Él antes de la fundación del mundo, para que fuésemos santos y sin mancha delante de Él.

Efesios 1.4

Dios escribió antes de que nosotros *hagamos* nada. Él llenó el libro de la vida en forma anticipada a lo que sabía que haríamos. Por consiguiente, no escribió en respuesta a lo que nosotros *en realidad* hicimos; más bien, escribió en respuesta a lo que *sabía* que nosotros en realidad haríamos.

Esta distinción es muy importante. Porque si Dios escribía nombres en el libro mientras que la historia se desdoblaba, en tanto que en realidad creíamos, se podría argüir que Él los borra también a medida que la historia se desenvuelve. Pero si Dios escribió los nombres de acuerdo a su conocimiento anticipado, se deduce que también los borraría de acuerdo a su preconocimiento, lo cual no tiene sentido. Si Dios escribió o borró nombres de acuerdo a su conocimiento anticipado, tanto el escribir como el borrar estaría completo antes de que el mundo empezó. En ese caso, nadie necesita vivir bajo el temor de que su nombre sea borrado del libro de la vida en algún momento en el futuro. Pero si ese es el caso, Apocalipsis 3.5 ya no constituye ningún problema.

Personas perdidas

Hay una segunda razón por la cual estos pasajes eliminan la posibilidad de que los nombres sean borrados. Ambos pasajes indican que las personas perdidas en estos versículos nunca han tenido sus nombres escritos en el libro de la vida. Juan no dice que estos nombres simplemente no estaban en el libro de la vida en ese tiempo. Lo que dice es: «Toda persona cuyo nombre no fue escrito desde la fundación del mundo».

¿De quién está hablando aquí? De «todos los moradores de la tierra». En otras palabras, ninguna persona perdida viva en ese tiempo nunca *jamás* había tenido su nombre escrito en el libro de la vida. Por supuesto, sus nombres tampoco habían sido borrados del libro.

La única manera disponible para que quienes sostienen el punto de vista de *nombres borrables* puedan esquivar este problema es sostener que todas las personas no salvas cuyos nombres son borrados ya estaban muertos para este tiempo en la historia. Eso es ciertamente posible, pero es muy improbable. En particular, a la luz de la intensa persecución que aquellos que invocan el nombre de Cristo estarán sufriendo durante este tiempo (véase Apocalipsis 13.7).

Buenas noticias

Las buenas noticias son: el lápiz de Dios no tiene borrador. Antes de que usted pronuncie su primera palabra, Dios sabía cómo respondería a su oferta de gracia. De acuerdo a su conocimiento anticipado, Él escribió su nombre en el libro de la vida. Y allí permanecerá para siempre. Jesús lo dijo de esta manera:

> Mis ovejas oyen mi voz, y yo las conozco, y me siguen, y yo les doy vida eterna; y no perecerán jamás, ni nadie las arrebatará de mi mano.
>
> *Juan 10.27-28*

Y como si eso no fuera suficientemente claro, añade:

> Mi Padre que me las dio, es mayor que todos, y nadie las puede arrebatar de la mano de mi Padre.
>
> *Juan 10.29*

Parecería que declaraciones tan claras como esas harían innecesarios libros como este. Tal vez algún día ese será el caso.

¿Sabe usted?

1. ¿Qué es un litote? *Dé algunos ejemplos de las Escrituras y otros de la vida diaria.*
2. ¿Cuándo escribió Dios los nombres en el libro de la vida?
3. ¿Qué quiere decir el autor cuando habla acerca del preconocimiento *o* conocimiento anticipado de Dios?
4. ¿Por qué «no tiene sentido» temer que Dios borrará su nombre del libro de la vida?

23

Escritos entre los justos

Pon maldad sobre su maldad,
Y no entren en tu justicia.
Sean raídos del libro de los vivientes,
Y no sean escritos entre los justos.

Salmo 69.27-28

Los enemigos de David finalmente lo habían empujado más allá del límite. Él se había cansado de lidiar con ellos. Estaba hastiado de sus chismes y mentiras calumniosas. Estaba listo para que Dios tomara acción seria en contra de ellos. De modo que pidió que fueran borrados del libro de la vida.

Estos versículos, como Apocalipsis 3.5, han hecho que algunos se sientan inseguros en cuanto a la permanencia de su salvación. Esto se comprende. Porque aquí hallamos al rey David pidiéndole a Dios que borre del libro de la vida los nombres de sus enemigos. De seguro que no pediría tal cosa si no creyera que eso fuera posible.

A la luz de lo que hemos descubierto en nuestro estudio de Apocalipsis 3.5, sería tentador tratar este pasaje diciendo que David simplemente estaba equivocado en su petición; tal vez no sabía que Dios no tiene el hábito de borrar los nombres de la gente de su libro.

Este enfoque, sin embargo, levanta preguntas en cuanto a la inspiración del salmo. Si David estaba siendo guiado por el Espíritu Santo cuando escribía, es dudoso que sería guiado a pedir algo que estaba fuera del ámbito de la posibilidad teológica (véase 2 Pedro 1.21). David sabía que estaba orando bien. Y, como veremos, su petición estaba en verdad dentro del ámbito de la actividad normal de Dios.

Se hacen nuevas las cosas viejas

Este pasaje, y otros como él, presentan tal problema para nosotros porque tenemos una tendencia a interpretarlos desde la perspectiva del Nuevo Testamento. Esto es, tomamos lo que sabemos del Nuevo Testamento y lo introducimos en estos versículos del Antiguo Testamento. En lugar de tratar de descubrir lo que los autores veterotestamentarios querían decir con ciertas palabras y frases, nos metemos de cabeza y las interpretamos de acuerdo a su uso en el Nuevo Testamento.

En este caso hemos tomado la frase «el libro de la vida» según aparece en el Salmo 69, y la hemos interpretado de acuerdo a lo que el Nuevo Testamento dice en cuanto al «libro de la vida». Hemos dado por sentado que el libro al cual se refiere David es el mismo que se menciona en Apocalipsis. Un acercamiento más apropiado sería preguntar: ¿Qué es lo que pensaba David al referirse al «libro de la vida?» Para responder a tal pregunta, no debemos acudir al Nuevo Testamento, sino a otras porciones del Antiguo Testamento.

Libros, libros y más libros

Los hebreos de la antigüedad pensaban en Dios como el gran tenedor de libros. Se lo imaginaban como teniendo en su posesión un libro con una lista de todas las personas vivientes. Si creían que era un libro literal o no, no viene al caso. Se referían a este libro en su literatura en la misma manera en que los autores del Nuevo Testamento se refieren al libro de la vida.

Cualquiera que haya leído lo suficiente del Antiguo Testamento sabe que los nombres y las genealogías eran muy importantes para los judíos, quienes tomaban muy en serio este tipo de llevar registros. Es por eso que tales referencias se hallan esparcidas por todo el Antiguo Testamento, tanto como al comienzo de Mateo y Lucas. Los judíos daban por sentado que Dios igualmente conservaba buenos registros, lo cual en efecto hace. Los escritores del Antiguo Testamento hacen frecuente referencia a esta práctica divina. Cinco pasajes de particular interés brotan del libro de los Salmos:

> Jehová contará al inscribir a los pueblos:
> Este nació allí.
>
> *Salmo 87.6*

> Mis huidas tú has contado;
> Pon mis lágrimas en tu redoma;
> ¿No están ellas en *tu libro*?
>
> *Salmo 56.8, énfasis mío*

> No fue encubierto de ti mi cuerpo,
> Bien que en oculto fui formado,
> Y entretejido en lo más profundo de la tierra.
> Mi embrión vieron tus ojos,
> Y en *tu libro* estaban escritas todas aquellas cosas
> Que fueron luego formadas,
> Sin faltar una de ellas.
>
> *Salmo 139.1-16, énfasis mío*

> [...] Conforme a la multitud de tus piedades borra mis rebeliones.
>
> *Salmo 51.1*

Algunas cosas interesantes afloran de estos versículos. En el primer pasaje aprendemos que Dios tiene un registro

Piénselo

*¿Pueden realmente coexistir
el gozo y la inseguridad?
¿Cuán realista es esperar
regocijarnos por una relación
que es segura sólo en tanto y
en cuanto nuestra conducta
es consistente?*

en el que lleva la cuenta del número de personas vivas. En el segundo pasaje leemos que Dios registra los aconteci-mientos de nuestras vidas. En el tercer pasaje descubrimos que Dios tiene un libro de registro conteniendo el número de días ordenados para la vida de cada persona.

En el Salmo 51 el término *libro* no se usa en realidad. Sin embargo, sí está la frase «borra». Estas son las mismas palabras que se usan en el Salmo 69, en donde David habla de borrar los nombres de sus enemigos. El Salmo 51 implica que Dios también tiene un libro de registro para el pecado.

Con todas estas referencias a libros en los Salmos, ni una sola vez nos cruzamos con algún libro al que se describa como conteniendo los nombres de los salvos, como opues-tos a los no salvos.[1] Lo más cerca a eso se halla en el pasaje en consideración, cuando David escribe: «Y no sean escritos entre los justos».

Cuando David se refiere al «libro de la vida» en el Salmo 69, está hablando del registro de Dios de los vivos. «Vida» es una referencia a la vida física, no a la eterna. Esta inter-pretación es consistente con los versículos que vimos del Salmos 139. David no está pidiendo que Dios envíe a sus enemigos al infierno. Sólo quiere que sus vidas sean acor-tadas.

Algunos elementos del texto respaldan esta interpreta-ción. Primero que todo, las otras cosas que David le pide a Dios que les haga a sus enemigos son de naturaleza física (véase vv. 22-26). Empieza apelando a Dios para que les envíe enfermedad. Luego pide que sus familias sufran. Entonces pide que sus nombres sean borrados del libro de la vida. Es como si fuera intensificando su petición hasta el punto de pedir que Dios siga adelante y les quite por completo de la escena.

---

[1]Keil-Delitzsch, *Commentary on the Old Testament* [Comentario sobre el Antiguo Testamento], Eerdmans, Grand Rapids, MI, reimpresión 1982, 5:285. «Porque es sólo en el Nuevo Testamento que nos encontramos con el libro de la vida como una lista de nombres de los herederos de la vida eterna

Segundo, interpretar «el libro de la vida» como el libro de la vida del Cordero implica que los enemigos de David eran creyentes. ¿De qué otra manera lograron que sus nombres fueran incluidos en el libro de la vida del Cordero? Pero el salmo entero presenta a las personas como injustos y malos.

Tercero, en el versículo previo, David pide que sus enemigos «no entren en» la justicia de Dios (véase Salmo 69.27). Si sus nombres estaban en el libro de la vida del Cordero, ya hubieran entrado en su justicia.

Por consiguiente, tiene mejor sentido comprender este libro como una lista de los vivos, no una lista de los justos.

«Bórrame...»

Es interesante notar que David no es el único personaje del Antiguo Testamento que le pidió a Dios que borrara a alguien de un libro. Moisés hizo una petición para ser borrado:

> Entonces volvió Moisés a Jehová, y dijo: Te ruego, pues este pueblo ha cometido un gran pecado, porque se hicieron dioses de oro, que perdones ahora su pecado, y si no, ráeme ahora de tu libro que has escrito. Y Jehová respondió a Moisés: Al que pecare contra mí, a éste raeré yo de mi libro.
>
> *Éxodo 32.31-33, énfasis mío*

Aquí de nuevo, el «libro» se refiere a un registro de los vivos. Moisés le estaba pidiendo a Dios que le quitara la vida física, no que lo enviara al infierno. Dios, sin embargo, rehusó; pero prometió quitarles la vida de aquellos en el grupo que pecaron contra Él, y así lo hizo (véanse Éxodo 32.35; Deuteronomio 1.35-36; 2.14). En ninguna parte se dan indicios siquiera de que aquellos hombres y mujeres hayan sido enviados al infierno.

Incluidos de nuevo, excluidos de nuevo

Sería más bien desconcertante pensar que un hombre según el corazón de Dios oraría pidiéndole que borrara el nombre de alguien del libro de la vida del Cordero. Si usted lo piensa, en realidad no tiene mucho sentido. Porque este mismo Dios envió a su Hijo al mundo para salvar al mundo. Y pagó un enorme precio para hacer posible esa salvación.

Nuestro Padre celestial está en el negocio de incluir nombres en la lista, no de borrarlos. Para los que estamos en la lista, eso es causa de gran regocijo. Jesús les recordó esto a sus discípulos cuando dijo:

> He aquí os doy potestad de hollar serpientes y escorpiones, y sobre toda fuerza del enemigo, y nada os dañará. Pero no os regocijéis de que los espíritus se os sujetan, sino regocijaos de que vuestros nombres están escritos en los cielos.
>
> *Lucas 10.19-20*

Que esta gloriosa verdad llegue a ser una fuente de seguridad tanto como de gozo.

¿Sabe Usted?

1. ¿Es el libro de la vida *del que se habla en el* Antiguo Testamento *el mismo del que se habla en el* Nuevo Testamento?
2. *Cuando David oró pidiendo a Dios que borrara del libro de la vida los nombres de sus enemigos, ¿estaba pidiendo que sus enemigos fueran enviados al infierno? Explique.*
3. *¿Por qué Moisés le pidió a Dios que lo borrara de su libro? ¿Cómo respondió Dios?*
4. *¿Cómo se sentiría si alguien según el corazón de Dios —como Moisés— pudiera orar y pedir que usted sea excluido del cielo?*

Conclusión

Nunca he conocido a un cristiano que haya perdido su salvación. Sin embargo, he conocido muchísimos que han perdido el gozo de su seguridad. Nuestra *seguridad* descansa en las manos de un Padre celestial que ama incondicionalmente. Es uno que dio lo mejor que tenía para asegurar nuestra comunión con Él para siempre. Nuestra *seguridad* descansa en comprender y aceptar estas gloriosas verdades.

Para algunas personas, el problema son las enseñanzas erróneas; para otros, es la culpa. Pero, cualquiera que fuere la razón, el resultado es el mismo: falta de seguridad. Y cuando desaparece la seguridad, también desaparecen los bloques básicos para edificar la relación.

Hay más en juego que la seguridad. El mismo evangelio queda bajo ataque cuando se cuestiona la seguridad eterna del creyente. Poner sobre este la responsabilidad de mantener la salvación es añadir las obras a la gracia. La salvación entonces ya no sería un regalo. Sería un trueque, nuestra fidelidad por su fidelidad.

Esto es una proclamación completamente distante a las buenas nuevas que Jesús predicó y Pablo anunció. Su evangelio fue una salvación por fe, y sólo por fe.

La salvación de la cual hablaron Jesús y Pablo tiene lugar en un momento de tiempo, y sin embargo sella al creyente para toda la eternidad. La fe mueve al juez no sólo a perdonar al pecador, sino también a adoptarlo en su propia familia.

Al contemplar todo lo que se nos ofrece por medio de Cristo, nos vemos obligados a preguntarnos por qué. ¿Por qué la misericordia? ¿Por qué la bondad? La única respuesta es el amor, amor de tal magnitud que todas las ilustraciones humanas se quedan cortas, amor que es incondicional en su esencia, sin ninguna agenda oculta ni leyendas en letra diminuta. El amor de Dios es tanto que nos acepta tal como somos, pero rehúsa dejarnos allí.

Mientras más medita uno y reflexiona en la naturaleza de este amor incondicional, más absurdo parece cuando alguien empieza a hablar acerca de perderlo. ¿Por qué Dios quitaría algo que ofrece incondicionalmente? No tiene ningún sentido.

Nuestra expresión de fe nos coloca en una relación incondicional con nuestro Padre celestial. Él hace esta oferta a las personas en todas partes. Algunos escogerán aceptarla por fe, otros la rechazarán. Pero la oferta sigue en pie. Tal es la naturaleza de su amor.

Por supuesto, hay quienes abusarán de tal oferta. Pero su amor es tan puro que incluso entonces Él no se retraerá de su palabra. Él sigue siendo fiel al infiel. Nada puede separarnos de su amor. Nadie puede arrebatarnos de su mano. En donde abunda el pecado, la gracia *sobreabunda*. Cualquier cosa menos sería menos que incondicional.

Sin embargo, incluso con todo esto Dios no ha abandonado el concepto de justicia. Porque dentro de su plan de salvación hay recompensas especiales para quienes responden a Él de la misma manera. Grande es su recompensa en el cielo. La eternidad no será lo mismo para todo creyente. Compareceremos y daremos cuenta de nuestras vidas. Seremos juzgados de acuerdo a nuestras obras, sean buenas o malas. Nuestro rango en su reino futuro está siendo decidido cada día de nuestras vidas.

Para quienes tengan como ambición agradar al Señor, estas son gratas noticias. Para quienes están buscando tomar su torta y comérsela también, esto es más bien descorazonador.

Y debe serlo. Dios no puede ser burlado. No hay escapatorias en su economía. Incluso dentro del contexto de su gracia, cosecharemos lo que hemos sembrado. Esa espada corta por ambos lados. Para quienes siembran semillas de fidelidad y obediencia, su cosecha rendirá fruto duradero. Para quienes siembran semillas de desobediencia y egoísmo, su cosecha no logrará pasar el juicio del fuego. No tendrán nada qué mostrar por sus vidas. Serán pobres en el Reino de los cielos.

Dios ha hecho enormes esfuerzos para hacer posible nuestra relación con Él. Hacerlo así le costó su Hijo. Pero el sacrificio de su Hijo hizo más que proveernos la posibilidad de tal relación, nos garantizó su permanencia.

Su salvación es segura. Mi oración es que usted experimente la seguridad de esta preciosa y costosa dádiva.

Acerca del autor

Elegido dos veces presidente de la Convención Bautista del Sur, Charles Stanley es el pastor principal de la Primera Iglesia Bautista de Atlanta, estado de Georgia, que cuenta con doce mil miembros; y además es un popular conferencista por radio y televisión en el programa «En Contacto», de cobertura nacional. Stanley recibió su bachillerato en artes en la Universidad de Richmond, su bachillerato en divinidad en el Seminario Teológico del Suroeste y los grados de magisterio y doctorado en teología del Seminario Luther Rice. Stanley es el autor de *How to Handle Adversity* [Cómo manejar la adversidad], *Temptation* [Tentación], *Forgiveness* [Perdón], *How to Keep Your Kids on Your Team* [Cómo mantener a sus hijos de su lado], y *Cómo escuchar la voz de Dios*.